Luc Bürgin

Rätsel der Archäologie

Luc Bürgin

Rätsel der Archäologie

Unerwartete Entdeckungen, unerforschte Monumente

Mit 101 Fotos

Herbig

Bildnachweis:

Archiv Bürgin: 1, 2, 47, 48, 59, 60, 63, 101; Ramamurthy Balasubramaniam: 61, 62; Luc Bürgin: 3,6,7,9, 10,12,22–27, 96; Aleksandr Chuvyrov: 13–17; Deutsches Bergbau-Museum (Bochum): 56–58; Rudolf Gantenbrink: 4,5; Harry Hubbard: 64–83; Tatjana Ingold: 97–100; Dieter Johannes (DAI): 88–90; Wolfgang Keck: 28–33; James Kegley (NGCI): 8; Bernd Lingelbach: 53–55; Dietrich Mania: 46; National Geographic (NGT&F): 11; Valentin Nussbaumer: 91–94; Don Patton: 34–45; Volker Pingel/Baoquan Song: 84–87; Marc Schultz: 18–21; Staatsanwaltschaft Basel-Stadt: 95; University of Pennsylvania Museum: 49–52

Vor- und Nachsatz:

»Puerta de Hayu Marca« (Peru): Pforte in eine andere Welt, wie alte südamerikanische Überlieferungen behaupten?

Besuchen Sie uns im Internet unter:
http://www.herbig-verlag.de

Gedruckt auf chlorfrei gebleichtem Papier

© 2003 by F. A. Herbig Verlagsbuchhandlung
GmbH, München
Alle Rechte vorbehalten
Schutzumschlag: Wolfgang Heinzel
Umschlagbild: Archiv Luc Bürgin
Herstellung und Satz: VerlagsService Dr. Helmut Neuberger
& Karl Schaumann GmbH, Heimstetten
Gesetzt aus der 11,5/13,8 Punkt Stempel-Garamond
Druck und Binden: GGP Media, Pößneck
Printed in Germany
ISBN 3-7766-2318-7

Inhalt

Vorwort 9
Einleitung 13

I *Mysteriöse Entdeckungen* 23

1 *Cheops-Pyramide: Geheime Kammern erforscht!* 25
  Ägypten bootet deutschen Entdecker aus

2 *Jahrmillionenalte Reliefkarte* 51
  Steinplatten aus dem Ural stellen Geschichte auf den Kopf

3 *Okkultisten auf dem Taennchel?* 63
  Französische Behörden halten Statuetten unter Verschluss

4 *»Soldaten-Steine« im Schuhkarton* 81
  Fundstücke aus Weißenhorn verwirren Schriftexperten

5 *Durchbruch in Acambaro* 91
  Neues Museum präsentiert 4000 Jahre alte Dino-Figuren

Inhalt

II Verlorenes Wissen 107

6 *Superkleber aus der Steinzeit* 109
Neandertaler fabrizierten Birkenpech –
doch keiner weiß, wie

7 *Geheimnis um »Kohleschädel«* 113
Computertomographie wirft neue
Fragen auf

8 *Taschenrechner vor 20 000 Jahren* 117
Afrikanischer »Zauberstab« verblüfft
die Mathematiker

9 *Zeitriss in Anau* 121
Amerikaner entdeckt ein Siegel,
das es nicht geben dürfte

10 *Hightechlupen aus Byzanz* 127
Augenoptiker analysieren phänomenale
Kristall-Linsen

11 *Geheimnisvolle Winzlinge* 133
Welches Genie durchbohrte die georgischen
Zinnperlen?

12 *Kompass auf Rädern* 139
Chinesen konstruierten Differentialgetriebe – vor 3000 Jahren!

13 *Verschollene Schriftrollen* 143
Wo wurden die Papyri von Tut-ench-Amun
versteckt?

Inhalt

14 *Rostschutz für die Ewigkeit* 147
Indischer Professor löst Rätsel der Säule
von Delhi

15 *Der magische Ring von Paußnitz* 153
Wer kann seinen Zauberspruch
entziffern?

III Geheimnisvolle Monumente 157

16 *Neuer Streit um »Burrows Cave«* 159
Geheimes Höhlensystem wird endlich
untersucht

17 *5000 Jahre alte Abschussrampe?* 189
Chinesische Expedition erforscht
seltsame Pyramide

18 *Heiligtum der Superlative* 199
Deutsche graben ältesten Tempel
der Welt aus

19 *»Eldorado existiert tatsächlich!«* 205
Neu entdecktes Vatikan-Dokument erzählt von
Inka-Goldstadt

20 *Mysteriöses Sternentor* 209
Steht in den Anden die Pforte zu einer
anderen Welt?

21 *Prähistorisches Observatorium* 215
   Sensationelle Entdeckung in Sachsen-Anhalt

22 *Mumien im Grand Canyon?* 221
   Neue Hinweise auf geheime ägyptische Zitadelle

Noch mehr Kuriositäten 235
Epilog 243

Literaturverzeichnis und Quellennachweis 251
Dank 263
Eine Bitte des Autors 264
Register 265

Vorwort

Vergessen Sie, was Sie in der Schule gelernt haben. Werfen Sie über Bord, was Ihnen eingetrichtert wurde. Und verfluchen Sie Ihre Lehrbücher. Denn die Geschichte unserer Vorfahren war ganz anders!

In diesem Buch laufen die Uhren rückwärts. Und die Ketzer erwachen zu neuem Leben. Zweifler sind gefragt. Und Entdecker, wie wir sie zu Zeiten Schliemanns verehrten. Wir wollen ausgraben, was längst verschüttet ist. Und ans Tageslicht befördern, was in den Dunkelkammern der Ignoranz verschwunden ist.

Vorbei die Zeiten einer einzig gültigen Wahrheit: Wir haben sie erfunden und in Hunderttausenden von wissenschaftlichen Werken zum Leben erweckt. Längst hat sie ein Eigenleben angenommen. Seither diktiert sie uns die Realität. Und den Weg, auf dem wir zu gehen haben. Angeführt von Wissenschaftlern irren wir mit Scheuklappen durch das Paradies. Denn die Priester der Vernunft sind radikal: Was sich nicht erklären lässt, wird angezweifelt. Was sich nicht katalogisieren lässt, beiseite geschoben. Und was sich partout nicht leugnen lässt, wird ignoriert – sofern es sich gängigen Erklärungsmustern entzieht.

Wissen hat den Menschen seit jeher überheblich gemacht. Zufrieden klopften wir uns im Laufe der Evolution nach jedem Intelligenzsprung auf die Schulter. Triumphierend setzten wir uns die Krone der Schöpfung auf, bis uns unsere Nachkommen vom Podest stürzten. Ein Spielchen, das bis heute andauert. Wer die Regeln nicht einhält, wird ausgegrenzt. Und ausgesiedelt. Ins Reich der Fantasten. Oder ins Land der Spinner. Dorthin, wo die Revolution ihren Anfang nahm.

Immer wieder bliesen die Verstoßenen im Laufe der Geschichte zum Angriff. Einem zusammengewürfelten Haufen gleich zogen sie in den Krieg gegen das Establishment. Nur selten konnten sie anfänglich Siege verbuchen. Doch ihre Armada wächst. Ihr Vormarsch lässt unser Weltbild erzittern. Und ihre Gegner sind alt geworden.

Viele sind bereits übergelaufen. Denn die Schlacht hat längst begonnen. Noch nie war das Bild unserer Vergangenheit stärker gefährdet als heute. Immer häufiger stellen neue archäologische Funde in Frage, was liebevoll in unsere Geschichtsbücher geschrieben wurde. Je schneller Wissenschaftler ihre Untersuchungsmethoden verfeinern, desto mehr wächst die Ehrfurcht vor den Leistungen unserer Altvordern. Fragezeichen haben die Ausrufezeichen abgelöst.

Ihren Anfang nahm die Verschwörung während der 60er Jahre in Frankreich. Mit ihrem Buch »Le matin des magiciens« setzten Jacques Bergier und Louis Pauwels einen Meilenstein, der bis heute seinesgleichen sucht. »Schon ist in der Archäologie ein deutlicher Wandel eingetreten«, konstatierten die beiden Ausnahmedenker darin kokett. »Unsere Zivilisation beschleunigt die Kommunikation der Menschen untereinander; auf der ganzen Erdoberfläche verstreut gemachte Beobachtungen können in kurzer Zeit gesammelt und verglichen werden. Auf diese Weise ist man zu rätselhaften Feststellungen gekommen.«

Den Durchbruch des Internets erlebten die beiden Franzosen nicht mehr. Doch andere kamen nach ihnen. Allen voran Erich von Däniken. Wortgewaltig machte sich der Schweizer ab den 70er Jahren Gedanken über all die archäologischen Rätsel unserer Vergangenheit und verknüpfte sie mit Besuchern von anderen Sternen. Ob ihrer Überlegenheit seien sie der Menschheit als Götter in Erinnerung blieben. Das war zu viel für die Damen und Herren von damals. Ein Sturm der Entrüstung prasselte auf den verdutzten Schweizer hernieder. Doch Schweizer haben seit Wilhelm Tell eine zähe Haut. Sie wissen sich zu wehren.

Längst hat sich der Wind gedreht. Kein Jahr, in dem aufgeschlossene Wissenschaftler ihren Kollegen nicht ein Bündel kontroverser archäologischer Gedanken präsentieren. Kein Jahr, in dem blitzgescheite Denker nicht über ein Fundstück stolpern, das ihnen die Sprache verschlägt. So deckte der amerikanische Forscher Robert Bauval Ende der 90er Jahre Zusammenhänge zwischen der Position der Pyramiden von Gizeh und dem Sternbild des Orion auf. Der US-Abenteurer Graham Hancock tauchte für seinen neusten Bestseller »Underworld« erfolgreich nach versunkenen Welten. Und der Berliner Autor Uwe Topper ortet in etablierten Museen Fälschungen in Hülle und Fülle. Die Welt scheint befremdlicher denn je.

Noch aber funktionieren die Mechanismen des Establishments. Mit Argusaugen wachen Experten darüber, dass die Öffentlichkeit nur das zu sehen bekommt, was sie sehen soll. Viele der Bilder auf den folgenden Seiten finden sich denn auch in keinem archäologischen Standardwerk. Denn dieses Buch markiert die akademischen »Schandflecke«. Es bietet den kontroversen Funden Unterschlupf. Ein »Museum« der Verrücktheiten. Eine Oase für die Verstoßenen, wo sie uns leise ihre Geschichte zuflüstern. Hören wir zu, was sie uns zu berichten haben.

Luc Bürgin

Einleitung

> »In den Disziplinen Geschichte, Anthropologie, Archäologie und Ethnologie wimmelt es von Fehlern, die der Entdeckung harren.«
>
> (Urs Willmann, Journalist)

»Als Archäologin habe ich mich ausführlich mit Ihrem Buch auseinander gesetzt. Die Fundstücke, die Sie auflisten, sind keine Einzelfälle. Ich weiß von uralten Steinen mit Inschriften, die von zwei meiner Kollegen unter Verschluss gehalten werden, weil man nicht so recht aus ihnen schlau wird. Da mir die beiden persönlich bekannt sind, werden Sie begreifen, dass ich ihre Namen vorläufig nicht nennen kann.«

Dieser Brief aus Berlin flatterte mir im Sommer 2001 auf den Schreibtisch. Einer von Hunderten, die mich seit Erscheinen meines Buches »Geheimakte Archäologie« erreichten. Zeugnisse einer Gesellschaft, die mit der Vergangenheit, wie sie in unseren Geschichtsbüchern beschrieben ist, immer weniger am Hut hat.

»Es ist beinahe unglaublich, mit welcher Ignoranz viele Menschen mit hochinteressanten – möglicherweise weltbewegenden – Entdeckungen umgehen«, schreibt mir etwa ein empörter Informatiker aus Kaufbeuren. Und eine junge Frau beklagt sich: »In der mir vorliegenden Fachliteratur bekomme ich nicht auf alle meine Fragen Antworten.«

Ein Diplomchemiker und Globetrotter aus Dresden wiederum glaubt, »dass der Nachweis, dass die Geschichte anders als in den Schulbüchern dargestellt wird, nur eine finanzielle Frage ist. Dazu ein Beispiel: Die ersten in den 90er Jahren auf Teneriffa entdeckten Pyramiden wurden von den spanischen Archäologen totgeschwiegen. Danach kaufte der Reeder Olsen auf Betreiben Thor Heyerdahls das Gelände, auf dem der Laie heute erstmals in der Welt kompetent von den antiken Besuchen mediterraner Seefahrer im alten Amerika unterrichtet wird. Kein Schreibtischgelehrter kann heute den Besuch dieser ›nicht ins Geschichtsbild passenden Anlage‹ mehr verhindern.«

Ein Leser aus Polen schließlich schickt mir Bilder einer metallenen Spirale, die von einem Stein umschlossen ist. Seinen Informationen gemäß wurde das kuriose Stück von einem Kollegen in den polnischen Bergen gefunden. Ob es tatsächlich vulkanischen Ursprunges ist, wie uns die Vernunft diktiert, soll eine wissenschaftliche Expertise klären, die demnächst vorgenommen wird.

Und ein Herr aus Dortmund, der sich seit Jahren intensiv und seriös mit alten Kulturen beschäftigt, schreibt mir: »Je intensiver ich mich in gewisse Themen einarbeitete, desto mehr fielen mir Ungereimtheiten bei Chronologien und archäologischen Funden auf.« Wie kann es sein, so fragt er sich, dass die Forscherin Svetlana Balabanova von der Universität Ulm 1992 Kokainspuren in einer altägyptischen Mumie fand? Versichern uns die Gelehrten nicht, dass die Koka-Pflanze nur in Südamerika heimisch ist?

Zeugnisse einer Gesellschaft, die Fragen stellt: Wie kann es sein, dass unsere Vorfahren zustande brachten, wofür wir heute modernster Technologie bedürfen? Wie kann es sein, dass sie über Fähigkeiten verfügt haben mussten, die uns heute wie Magie anmuten? Und wie kann es sein, dass wir in der Schule von alledem nichts zu hören bekamen?

Fragen, die sich 1980 bereits der brillante Physiker und Nobelpreisträger Richard P. Feynman stellte, als er während seiner Ferien in der griechischen Hauptstadt Athen durch das Archäologische Nationalmuseum schlenderte. »Ich besichtigte so viel, dass mir schließlich die Füße wehtaten und der Kopf schwirrte – die Sachen sind schlecht beschriftet«, schrieb er Ende Juni an seine Familie. »Außerdem war's ein bisschen langweilig, weil wir schon früher so viel von der Sorte gesehen haben. Mit einer Ausnahme: Unter all den Kunstgegenständen befand sich ein so völlig andersartiges und sonderbares Ding, dass es kaum zu glauben war. Es wurde 1900 aus dem Meer gefischt und ist eine Art Maschine mit Zahnradgetriebe, das ans Innere eines modernen Aufziehweckers erinnert. Ich frage mich, ob's irgendein Schwindel ist...«

Es war kein Schwindel. Das Schiff, aus dem die Apparatur stammt, sank im 1. Jahrhundert v. Chr. vor der griechischen Insel Antikythera. Mehrere wissenschaftliche Publikationen beglaubigen mittlerweile seine Echtheit. Dass es vor 2000 Jahren keine komplexen Zahnradgetriebe gegeben haben kann, versteht sich von selbst. Wer aber hat das seltsame Ding dann dorthin gezaubert?

Die Entdeckungen haben sich seit Feynmans Tod verzehnfacht. Doch die Erklärungen fehlen. Fragen und Antworten klaffen auseinander wie die beiden Hälften einer geöffneten Schere. In der Mitte purzeln all die lieb gewonnenen Vorstellungen unserer Geschichte munter durcheinander.

Kannibalische Gebräuche bei primitiven Völkern? »Stumpfsinn!«, bilanziert Heidi Peter-Röcher. Für ihre Doktorarbeit hat die Archäologin von der Freien Univer-

Einleitung

Abb. 1: Rätselhaftes Fundstück aus Polen: Wie kommt die Spirale in den Stein?

sität Berlin zahlreiche »Beweise« für Kannibalismus ausgegraben und neu untersucht. Und siehe da: Es war alles ganz anders. Nicht Menschen hatten die berühmten steinzeitlichen Knochenreste aus der Jungfernhöhle bei Bamberg angeknabbert, sondern Tiere. Historische Gruselberichte von Reisenden und Geschichtsschreibern entpuppten sich samt und sonders als Ammenmärchen. Selbst der berühmte afrikanische Suppentopf, in dem Weißhäutige einst von Eingeborenen gesotten worden sein sollen, gehört ins Reich der Fantasie.

Keuschheitsgürtel im Mittelalter? »Ein reines Fantasieprodukt aus dem letzten Jahrhundert«, winkt der bekannte britische Mediävist James A. Brundage von der University of Kansas ab. Bei den bis vor kurzem noch in vielen Museen ausgestellten eisernen Gürteln handle es sich

Einleitung

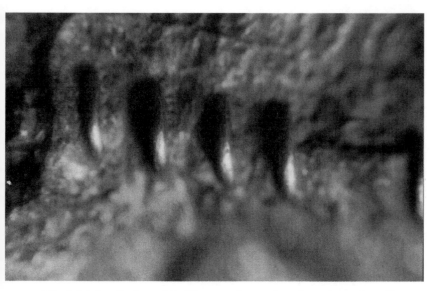

Abb. 2: Nahaufnahme: Die Untersuchung einer Gesteinsprobe soll das Rätsel lösen.

mehrheitlich um Produkte aus der viktorianischen Zeit im 19. Jahrhundert, betont Brundage. Die restlichen Exemplare entpuppten sich als mittelalterliche Hundehalsbänder.

Hat Marco Polo China entdeckt? »Keinesfalls«, betont die britische Wissenschaftlerin Frances Wood. Ihrer Meinung nach schaffte es der berühmte Reisende vor 700 Jahren gerade mal bis nach Konstantinopel und in den Nahen Osten. Nur so sei zu erklären, weshalb er in seinen Reiseberichten weder die Chinesische Mauer, noch den Tee, noch das Porzellan erwähne.

Waren die Wikinger Mörder und Plünderer? »Mitnichten«, bilanziert die britische Professorin Janet Nelson vom King's College in London. Im Gegensatz zur landläufigen Meinung seien die Nordmänner auffällig brav und anständig – ja sogar langweilig gewesen. Keine Spur von Gewalt.

Alle paar Monate geistern derzeit ähnliche Beispiele durch die Fachpresse. Quer durch alle historischen Fakultäten wird geflickt und korrigiert. Ein Schmaus für alle Ketzer. Ein Desaster für die Experten.

Das größte »Affentheater« führen gegenwärtig die Paläontologen auf. Mit hübscher Regelmäßigkeit zaubern sie seit Jahren neue, noch ältere Knochen aus der Erde. Und alle paar Monate verändert sich unser Stammbaum. So streiten sich seit 2001 gleich mehrere Forscher darum, die ältesten menschlichen Überreste ausgebuddelt zu haben.

Die besseren Karten hat dabei Yohannes Haile-Selassie von der University of California in Berkeley. Er stieß in Äthiopien auf bis zu 5,8 Millionen Jahre alte Knochen: »Diese Fossilien sind ein guter Beleg dafür, dass die beiden Entwicklungslinien, aus denen Schimpansen und Menschen hervorgingen, schon vor mehr als fünf Millionen Jahren getrennt waren«, meint er.

Französische und kenianische Wissenschaftler wiederum haben in Kenia den »Millennium Man« ausgegraben. Er soll sechs Millionen Jahre alt sein – und die Lehrmeinung über die Evolution auf den Kopf stellen, wie die Entdecker betonen. Kritiker dagegen wenden ein, dass es sich beim »Jahrtausendmensch« möglicherweise »nur« um eine frühe Affenart handle.

Und just während ich diese Zeilen schreibe, geistert bereits wieder ein noch älterer Fund durch die Medien: Ein Schädelfragment aus der Djurab-Wüste im Tschad soll sagenhafte »sechs bis sieben Millionen Jahre alt« sein, vermelden die Entdecker stolz.

Doch damit nicht genug: Wie wir heute wissen, führten unsere Urahnen in grauer Vorzeit bereits komplizierte Schädeloperationen durch, wie der Greifswalder Neurochirurg Jürgen Piek festhält. 116 prähistorische Schädel aus Mecklenburg-Vorpommern hat er untersucht. Sechs von ihnen wiesen klare Trepanations-Spuren auf. Drei der Patienten hätten den blutigen Eingriff längere Zeit überlebt, ist Piek überzeugt. Eine Meisterleistung in einer Zeit, in der es von Anfängern wimmelte.

Den größten Schock aber verpasste seinen wissenschaftlichen Kollegen kürzlich der emeritierte Geologe Professor William Orr von der University of Oregon, seines Zeichens Direktor des State Museum of Paleontology in Eugene (Oregon). Er will unumstößliche Beweise in den Händen halten, wonach vor 12 000 Jahren Wesen auf der Erde wandelten, von denen wir heute keinen blassen Schimmer mehr haben. 1999 stieß er bei Ausgrabungen in Woodburn, zwischen Salem und Portland, auf prächtig konserviertes Menschenhaar. Eine DNA-Analyse sollte Klarheit über ihren Träger bringen. Doch o Schreck: Die Haare konnten im Labor keiner bekannten menschlichen Rasse zugeordnet werden.

»Laut unseren Genetikern handelt es sich nicht um asiatisches Haar«, versicherte Professor Orr der bekannten amerikanischen Journalistin Linda Moulton Howe. »Auch Afrikanern oder Europäern konnte es nicht zugeordnet werden. Es konnte überhaupt niemandem zugeordnet werden! Wie es scheint, stammt es von einem Wesen, das es heute nicht mehr gibt. Die Population ist einfach verschwunden. Und das vor nicht einmal 11 000 bis 12 000 Jahren!«

Noch älter. Noch intelligenter. Noch geheimnisvoller. Die Uhren in der Paläontologie laufen rückwärts. Und so scheint es nur noch eine Frage der Zeit, bis auch die Archäologie vom Umschwung erfasst wird. Die Vorläufer des Sturms wüten bereits in den Vorgärten der Grabungsstätten. Und wirbeln dort Erstaunliches zu Tage.

Die Entdeckungen überschlagen sich: Im mittelamerikanischen Cuello (Belize) fördern Archäologen die Überreste einer Sauna zu Tage. Ihr Alter: beinahe 3000 Jahre. Damit steht fest, dass bereits die Maya um die erfrischende Wirkung von Dampfbädern gewusst haben – 400 Jahre vor den alten Griechen.

Alles halb so wild, winken die Chinesen ab und melden: »Wir haben die älteste Toilette der Welt gefunden.« Das aus einem 2000 Jahre alten Grab in der Provinz Henan gehievte Prachtstück sei so groß wie ein Thron, habe Klobrille, Wasserspülung und Armlehnen, jubeln sie.

Am Fuß der Anden in Peru schreiben amerikanische Forscher derweil die Geschichte um: Die dort ausgebuddelte antike Stadt Caral sei sagenhafte 4500 Jahre alt, vermelden sie aufgeregt. Bereits konnten riesige Plätze, sechs monumentale pyramidenähnliche Bauten und Hinweise auf ein Bewässerungssystem freigelegt werden. Grabungsleiter Jonathan Haas: »Es ist so, als könnten wir einen Blick auf die erste christliche Kirche werfen.«

Bescheidener, aber ebenso spannend geht es in Deutschland zu, wo unter anderem eine bronzezeitliche Anlage bei Bernstorf (Ampertal, Landkreis Freising in Bayern) ihre Geheimnisse preisgibt. Besondere Aufmerksamkeit erregten bei den Ausgräbern dabei zwei Bernsteinobjekte, die »aufgrund ihrer Gravierungen so außergewöhnlich sind, dass zunächst die Frage nach ihrer Authentizität, also ihrer gesicherten Herkunft, im Raume stand«, wie das Bayerische Landesamt für Denkmalpflege in München festhält.

Das eine der beiden zeigt das Gesicht eines Mannes mit Kinnbart und auf der Rückseite drei Bildzeichen. Das andere weist vier Zeichen auf. Die Neufunde belegen nach Ansicht der Wissenschaftler einen intensiven Kulturkontakt Südbayerns zum mediterranen Raum, speziell auch

Einleitung

zum mykenischen Kreis: »Bislang war dieser Kontakt nur durch das sporadische Auftreten von mediterranen oder mediterran beeinflussten Gegenständen erkennbar. Dass sich nun auch die Verwendung von Schriftzeichen belegen lässt, ist vollkommen unerwartet. Wem diese Objekte zuzuschreiben sind, einer einheimischen Bevölkerung oder sogar einer Fremdgruppe, muss derzeit noch offen bleiben.«

Auch dem deutschen Restaurator Christian Eckmann vom Römisch-Germanischen Zentralmuseum in Mainz schwirrt mittlerweile der Kopf: Seit Jahren arbeitet er im ägyptischen Museum von Kairo an der Restaurierung der Kupferstatue von Pharao Pepi I. (um 2295–2250 v. Chr.). Und noch immer mag er ob der außergewöhnlichen Beschaffenheit der Figur kaum glauben, was er in den Händen hält: »Ich würde bezweifeln, dass ein Kupferschmied heutzutage in der Lage wäre, eine Statue mit dieser Perfektion herzustellen!«

Unerwartet, erstaunlich – unerklärlich. Drei Worte, die uns auf unserer Reise in die Vergangenheit quer durch alle Kontinente immer wieder begegnen werden. Wie sagten die französischen Querdenker Jacques Bergier und Louis Pauwels einmal so schön: »Mit unseren Fantastereien wollen wir dem Leser keine unausgegorene Theorie aufzwingen. Wir wollen nur zeigen, dass es über die Vorgeschichte der Menschheit verschiedene Vorstellungen gibt.«

I
Mysteriöse Entdeckungen

»*In der Ägyptologie ist es chic, einen Fund auszuschließen. Das heißt: Wenn ich eine Grabung mache, dann muss ich den Journalisten von vornherein sagen: ›Wir graben da, aber wir wissen jetzt schon, dass wir außer ein paar Tonscherben nichts finden werden!‹ Alles andere schickt sich nicht in der Ägyptologie.*«

(Rudolf Gantenbrink, Diplom-Ingenieur)

1 Cheops-Pyramide: Geheime Kammern erforscht!

Ägypten bootet deutschen Entdecker aus

Die Meldung schlug im Internet wie eine Bombe ein: Völlig überraschend kündigte die National Geographic Society am 5. August 2002 auf ihrer Homepage ein gigantisches TV-Spektakel über Ägypten an.

»Wir nehmen die Fernsehzuschauer mit auf eine archäologische Live-Expedition in die Cheops-Pyramide, die uns tief in die geheimen und komplexen Gänge der Königinnenkammer führt.« Angeführt werde die Erkundungstour, wie es weiter hieß, von Zahi Hawass, Chef des ägyptischen Supreme Council of Antiquities, sowie dem bekannten amerikanischen Archäologen Mark Lehner. Mit Hilfe eines Hightechroboters würde man erstmals versuchen, einen Blick hinter den bislang unerforschten geheimnisvollen »Blockierungsstein« zu werfen, der sich am Ende des südlichen Schachts befindet.

Damit hatte niemand mehr gerechnet, obwohl Insider sofort wussten, um was es in Wirklichkeit ging: Wie wild hackten Tausende von Ägypten-Kennern in dieser Nacht im Internet in die Tasten, um sich über die Hintergründe und Konsequenzen der geheimnisvollen Ankündigung auszutauschen.

Einer hielt sich dabei diskret im Hintergrund – obwohl er vor Wut hätte schäumen können: der Münchner Ingenieur Rudolf Gantenbrink. Knapp zehn Jahre nach seiner sensationellen Entdeckung in der Cheops-Pyramide war nun endgültig klar, wie ihn die ägyptische Altertumsverwaltung um die Früchte seiner Arbeit bringen wollte.

I Mysteriöse Entdeckungen

Die Geschichte des wissenschaftlichen Skandals liest sich wie ein Krimi: Mit einem kleinen ferngesteuerten Roboter hatte Gantenbrink 1993 im Auftrag des Deutschen Archäologischen Instituts (DAI) in Kairo den von der Königinnenkammer aufwärts verlaufenden Südschacht der Cheops-Pyramide inspiziert. Meter um Meter kroch das Hightechgerät durch den gerade mal 20 auf 20 Zentimeter kleinen Gang. Dabei stellte Gantenbrink fest, dass der Schacht viel länger war als von vielen Wissenschaftlern vermutet.

Ein erstaunlicher Befund. Umso mehr, als sich die Gelehrten wegen der Bedeutung des Südschachts – und seines nach Norden gerichteten Pendants – seit vielen Jahren in den Haaren liegen. Einige schreiben den beiden Gängen symbolischen Charakter zu: Die Seele des toten Pharao sollte darin gen Himmel gleiten, wird vermutet. Andere interpretieren die Konstruktion aus bautechnischer Sicht. So richtig schlau daraus wurde bisher jedenfalls niemand.

Gantenbrink ist ein Mann der Tat. Also wollte er es genauer wisssen. Immer tiefer steuerte er sein Hightechgefährt ins Innere des Südschachts. Als die Kamera des Roboters am Ende des Abschnitts eine bislang unbekannte Steinplatte mit zwei Kupferbeschlägen registrierte, war die Sensation perfekt. Eine wenige Millimeter breite Ritze unter der Platte nährte Spekulationen über einen dahinter verborgenen Hohlraum!

Der Münchner Ingenieur setzte alle Hebel in Bewegung, um die mysteriöse architektonische Struktur weiter zu untersuchen. Doch die zuständigen Behörden und Wissenschaftler blockten ab. Viel wurde in der Folge über die Gründe dafür spekuliert. Tatsache ist, dass die heutige Lehrmeinung keinen Platz für unbekannte Hohlräume in der Cheops-Pyramide lässt. Immerhin hatten die Ägyptologen unter Führung ihres Nestors, des DAI-Leiters Pro-

1 Cheops-Pyramide: Geheime Kammern erforscht!

Abb. 3: Cheops-Pyramide: Birgt sie in ihrem Innern weitere unentdeckte Geheimkammern?

fessor Rainer Stadelmann, der Öffentlichkeit jahrzehntelang stolz verkündet, die Pyramide sei definitiv vermessen und erforscht und berge keine Geheimnisse mehr. Da half es auch nicht, dass alte arabische Legenden von einer reich bestückten Geheimkammer erzählen, welche die Erbauer einst angelegt haben sollen.

»Die Sachlage, dass sich hinter der Platte womöglich eine Kammer befinden könnte, schockiert alle so tief, dass man am liebsten gar nicht mehr weiterforschen würde«, brachte Gantenbrink die triste Situation 1994 auf den Punkt. »Seit jeher hat man die Existenz eines weiteren, unbekannten Hohlraumes vehement abgelehnt, und nun steht diese Möglichkeit plötzlich im Raum.«

Gut ein Jahr nach Gantenbrinks Entdeckung bat ich Professor Stadelmann, mir die Gründe für das vermeintliche Desinteresse an einer weiteren Erforschung des Schachts zu erläutern, worauf mich ein Schreiben des DAI aus Kairo erreichte. Gezeichnet hatte es Dr. Cornelius von Pilgrim in Vertretung des abwesenden Professors.

Sein lapidarer Kommentar über den neu entdeckten »Blockierungsstein«: »Es ist ausgeschlossen, dass sich dahinter eine Kammer befindet. Weitere ›Rätsel‹ birgt die Cheops-Pyramide nur noch für die große Schar der ›Pyramidenmystiker‹. Weitere Grabkammern oder gar Schatzkammern sind aus wissenschaftlichen Gründen mit Sicherheit auszuschließen und eine Spekulation in dieser Hinsicht diente nur unwissenschaftlicher Sensationsmache.«

Grandios! Seit wann – bitte schön – können Entdeckungen, die noch gar nicht gemacht wurden, von vornherein ausgeschlossen werden? Wie kann eine Pyramide als erforscht gelten, wenn sich die Experten bis heute über die Art und Weise ihrer Errichtung zanken? Und warum ist die unmittelbare Umgebung des Bauwerks bis heute

Schauplatz zahlreicher Grabungen, wenn es doch gar keine Rätsel mehr birgt? Heiliger Strohsack!

Als ich Gantenbrink mit diesem Schreiben konfrontierte, schüttelte er nur den Kopf: »Eigentlich fehlen einem die Worte dazu. Wer immer sagt, es bestehe kein Forschungsbedarf mehr, der lügt schlicht und einfach.« Der Streit um seine Entdeckung sei längst zu einem Glaubenskrieg ausgeartet, seufzte er: »Wenn ich nur bis zu einem bestimmten Punkt gehen und dann nicht weitermachen darf, weil ich in diesem Moment Gefahr laufe, bestehendes Wissen zu widerlegen, wird die ganze Sache doch sehr fragwürdig.«

Professor Rainer Stadelmann schien der Rummel um den Münchner Ingenieur jedenfalls mächtig auf die Nerven zu gehen. »Es gibt keinen Gantenbrink-Schacht«, belehrte er mich am 30. April 1996 mit einem Fax aus Kairo. Und differenzierte: »Es handelt sich um die Modellkorridore der Großen Pyramide, die seit über 100 Jahren bekannt sind.«

Die neu entdeckte Steinplatte mit den beiden Kupfergriffen war dem Professor nicht einmal eine Fußnote wert: »Das DAI hat in Zusammenhang mit der ägyptischen Antikenbehörde diese Modellkorridore erforscht und vermessen. Die technische Leitung dieser Arbeiten hatte Herr Gantenbrink für das DAI. Eine Fortsetzung dieser Arbeiten ist im Moment nicht geplant, da dringlichere Untersuchungen zur Rettung von Altertümern und deren Konservierung anstehen.«

Angeordnet hatte diese »dringlicheren« Untersuchungen Zahi Hawass, staatlicher Chefarchäologe und »Hausmeister« des Pyramidenplateaus. Welche Rolle er in der ganzen Affäre spielte, blieb lange Zeit undurchsichtig. Obwohl er Gantenbrinks Entdeckung anfänglich jegliche Bedeutung absprach, wurde der eloquente Ägypter in den folgenden Jahren nicht müde, immer wieder eine weitergehende Erforschung des mysteriösen Schachts anzukündigen – zuletzt im Jahre 2000. Mal sagte er dies, mal jenes. Sicher war dabei aber immer nur eines: Gantenbrink war aus dem Spiel.

Wie rigoros Zahi Hawass im Zweifelsfall durchgreift, mussten auch die französischen Forscher Jacques Bardot und Francine Darmon erfahren. Jede Menge Hinweise auf geheime Gänge und möglicherweise auch eine bisher unentdeckte Grabkammer im Innern des monumentalen Bauwerks hätten sie entdeckt, verkündeten die beiden im April 2001 auf einer vielbeachteten Pressekonferenz in Paris. Zwölf Jahre lang trugen sie entsprechende Indizien zusammen.

Einer ihrer Trümpfe: In der Großen Galerie sind zahlreiche Fugen zwischen den Steinblöcken mit Gips zugeschmiert. Möglicherweise als Tarnung oder aber um die Luft aus den dahinterliegenden Öffnungen fern zu halten. Ein weiterer Hinweis soll sich auf einem Stein befinden: Dort wollen Bardot und Darmon auf ein Zeichen gestoßen sein, mit dem die alten Ägypter vor Jahrtausenden einen Eingang markiert hätten. Außerdem glauben sie, dass der Sand, der bei wissenschaftlichen Bohrungen 1987 in der Pyramide zum Vorschein gekommen war, zur akustischen Isolation verwendet wurde. Auf diese Weise konnten die vermuteten Hohlräume durch Klopfen nicht mehr ausgemacht werde, argumentieren sie.

Starker Tobak für die ägyptischen Pyramidenverwalter. Franzosen, die entdeckten, was ihnen jahrzehntelang verborgen blieb? Grässlich. Noch dazu, als die beiden nicht der Clique der internationalen Ägypten-Koryphäen angehörten, die mit Zahi Hawass willig kooperieren – um weiterhin Ruhm zu ernten.

Was erlaubt ist, bestimmt die Mehrheit. Das war schon

immer so. Und Hawass führt die Mehrheit an. Also kanzelte er Bardots und Darmons Behauptungen in den Medien eiskalt ab. In der Cheops-Pyramide gebe es keinerlei Hinweise auf weitere Kammern, ließ er verlauten. »Wenn der Direktor der Pyramiden nichts von dem weiß, was die zwei behaupten, heißt das, dass sie falsch liegen.« Amen!

In den Redaktionsstuben der renommierten Nachrichtenagenturen machte sich Unruhe breit. Immerhin hatte man die Ergebnisse der Pressekonferenz bereits in die ganze Welt gekabelt. Schadensminimierung war angesagt – um wissenschaftlich glaubwürdig zu bleiben. Konsequenz: Die »Amateurforscher« wurden ab sofort ignoriert.

Vorübergehende Rückendeckung erhielten Bardot und Darmon lediglich von Jean-Pierre Corteggiani vom Institut Français d'Archéologie Orientale (IFAO) in Kairo. Lange Zeit vor ihrer Pressekonferenz hatten sie dort vor-

Abb. 4: Mit diesem Roboter gelang einem deutschen Team 1993 eine verblüffende Entdeckung.

gesprochen, um mit Hilfe des Instituts eine Bewilligung der Ägypter für ihr Forschungsvorhaben zu erhalten. »Im Gegensatz zu den Berichten, die verbreitet wurden, haben wir nie verneint, Herrn Bardot empfangen zu haben«, betont Corteggiani. »Im Gegenteil: Wir haben sein Anliegen sogar wohlwollend aufgenommen. Es hätte sehr interessant sein können, zu verfolgen, was die Untersuchungen ergeben.« Aus diesem Grund habe man bei der ägypti-

Abb. 5: Der Münchner Ingenieur Rudolf Gantenbrink: Warum darf er nicht weiterforschen?

schen Altertumsverwaltung auch um eine Forschungserlaubnis gebeten. Dort aber sei man abgeblitzt.

Mittlerweile will auch Corteggiani nicht mehr mit Bardot in Verbindung gebracht werden – aus taktischen Gründen, wie es scheint. Weitaus höhere Erfolgschancen misst der französische Ägyptologe in Kairo nämlich einem anderen »Amateur-Projekt« bei, für dessen Realisation er derzeit alle seine Beziehungen in die Waagschale wirft – und seinen guten Ruf aufs Spiel setzt. Just dieses Projekt aber ist durch Bardots Vorpreschen nun ernsthaft gefährdet. Sind die ägyptischen Behörden nämlich erst einmal in ihrem Stolz beleidigt, spielen sie ihre Macht aus und verhindern alles, was ihnen nicht in den Kram passt.

Im Zentrum dieser zweiten »Tragödie« stehen Gilles Dormion und Jean-Yves Verd'hurt. Ebenso wie ihre französischen Kollegen Bardot und Darmon sind auch Dormion und Verd'hurt Amateurforscher. Weitaus erfolgreichere notabene. Denn sie können mit konkreten Erfolgsresultaten aufwarten. Doch auch sie bekamen Hawass' Macht zu spüren.

Im Frühling 2000 hatten Dormion und Verd'hurt auf dem 8. International Congress of Egyptologists in Kairo mit der Nachricht für Furore gesorgt, in der Pyramide von Medum zwei unbekannte Kammern und einen Korridor aufgestöbert zu haben. Hohlräume, die den Experten bislang verborgen geblieben waren. Fachleute aller Couleur zollten ihnen dafür Anerkennung,

Für ihre Untersuchungen verwendeten die zwei Franzosen eine Minikamera, die sie mit Hilfe eines Endoskops einführten. Damit orteten sie zwei Entlastungskammern. Eine Sensation – waren solche Konstruktionen doch bisher nur von der Cheops-Pyramide her bekannt.

Auch Dormion und Verd'hurt wollen sich nun in die Cheops-Pyramide vorwagen, wie sie kurz darauf öffentlich verlauten ließen. Inspektionen vor Ort lassen sie einen noch unbekannten Gang im gewaltigen Monument vermuten. Untersuchungen mit Radargeräten scheinen ihre Vermutung zu erhärten. Was also liegt näher als ein paar millimeterbreite Löcher zu bohren und die Minikamera ein zweites Mal einzusetzen?

Dr. Gaballah Ali Gaballah vom Supreme Council of Antiquities gab grünes Licht für weitere Untersuchungen. Dann aber versetzte ihn der ägyptische Kulturminister in den Ruhestand. Seither ruht alle Macht über die ägyptischen Ausgrabungsstätten in den Händen von Zahi Hawass. Und der entzog Dormion und Verd'hurt flugs die Bewilligung seines Vorgängers. »Ich habe nichts gegen Sondierungsbohrungen, sofern sie auf Beweismaterial basieren und eine wissenschaftliche Institution dahinter steht«, dozierte Hawass Mitte Juni 2002 mit erhobenem Zeigefinger. »Aber bei den beiden Forschern handelt es sich bekanntlich um Amateure, die lediglich einen Freund bei den französischen Behörden haben.«

Um sicher zu gehen, habe er diesbezüglich Rücksprache mit zwei international renommierten Pyramidenforschern genommen, dem Deutschen Rainer Stadelmann und dem Amerikaner Mark Lehner. »Zu dritt kamen wir zum Schluss, dass wir es nicht jedermann erlauben können, irgendwelche Löcher in die Pyramiden zu bohren.«

Ein abgekartetes Spiel. Dass Stadelmann und Lehner eng mit Hawass befreundet sind, ist nicht nur in Archäologen-Kreisen ein offenes Geheimnis. Und seine abschätzige Bemerkung über den »Freund bei den Behörden« dürfte den wissenschaftlichen Beziehungen zwischen Ägypten und Frankreich auch nicht gerade zuträglich sein. Schließlich handelt es sich dabei – wir haben es bereits erwähnt – um keinen Geringeren als den Ägyptologen Jean-Pierre Corteggiani vom Institut Français d'Ar-

1 Cheops-Pyramide: Geheime Kammern erforscht!

Abb. 6: Pyramiden von Gizeh: Neue Entdeckungen in ihrem Innern sorgen für Spekulationen.

chéologie Orientale in Kairo. Dem Mann also, der sich bereits für die Anliegen von Jacques Bardot und Francine Darmon eingesetzt hatte.

Wie auch immer: Dass Chefarchäologe Zahi Hawass die Franzosen nicht weiterforschen lassen wollte, verstanden bis vor kurzem nur wenige. Schließlich hätte er bei einem allfälligen Misserfolg lässig mit den Schultern zucken können. Ebenso wenig einleuchten mochte seine jahrelange Verzögerungstaktik in Sachen Gantenbrink-Schacht. Was steckte wohl dahinter?

Erst als ich Hawass' Bestseller »Das Tal der goldenen Mumien« studierte, fiel es mir plötzlich wie Schuppen von den Augen: Seitenweise wechseln sich in diesem Hochglanzwerk Anekdoten aus Hawass' Kindheit und seiner akademischen Laufbahn mit Grabungsberichten ab. Dazwischen unzählige Fotos: Hawass als Teenager. Hawass mit Vertretern der Unesco. Hawass als Ausgräber. Der Mann wollte sich offenbar ein Denkmal setzen!

Ein Blick auf Hawass' Homepage untermauert diesen Eindruck: Gleich seitenweise führt der Ägypter im Internet Buch über seine wissenschaftlichen Verdienste. Selbst der unbedeutendste Vortrag von ihm findet Erwähnung. Jede Station seines Lebens ist minutiös dokumentiert. Ägyptens berühmtester Forscher liebt es offensichtlich, sich zu inszenieren.

Wie richtig ich mit diesem Verdacht liegen sollte, zeigte sich wenige Wochen später, als der rührige Ägyptologe mit Pomp und Gloria und der Unterstützung der National Geographic Society sein exklusives TV-Special über die Pyramiden ankündigte – wenige Monate, nachdem er durch seine Berufung zum obersten ägyptischen Altertumsverwalter auf dem Höhepunkt seiner Karriere angelangt war.

Ein cleverer Schachzug: Jahrelang ließ Zahi Hawass alle Forschungen in der Cheops-Pyramide weiterlaufen, bis sie Erfolg versprachen, und blockte sie dann jeweils ab – um den Ruhm einer allfälligen Entdeckung selber zu ernten. Dass ihm die Gilde der Ägyptologen dabei naiv aber willig folgte, macht die Sache auch nicht besser. Aber der Mensch war schon immer ein Herdentier. Und erfolgreichen Männern verzeiht man ihre Fehler lieber.

Milde lässt auch der renommierte Ägyptologe Professor Sakuji Yoshimura von der Waseda University in Tokyo walten, wie ich ernüchtert feststellen musste – obwohl er ebenfalls zu Hawass' Prügelknaben zählt. Yoshimura forscht im Auftrag der Japaner auf dem Pyramiden-Plate-

1 Cheops-Pyramide: Geheime Kammern erforscht!

Abb. 7: Obelisk mit Hieroglyphen. Wie viele Geheimnisse birgt das Land am Nil noch?

au. Bereits Ende der 80er Jahre bestätigten seine Messungen in der Pyramide die Existenz der von Dormion und Verd'hurt propagierten »Geheimkammern«. Sein wissenschaftlicher Bericht darüber ist äußerst fundiert. Doch auch er durfte seine Arbeit nicht weiterführen – und arbeitet heute in Ägypten an anderen Ausgrabungsprojekten.

»Die Resultate waren vielversprechend«, erinnert sich Yoshimura. Diplomatisch, wie es sich für einen Japaner gehört, fügt er an: »Unglücklicherweise war die öffentliche Reaktion bislang noch nicht günstig genug, um die Untersuchungen weiterführen zu können.« Als ich den Professor auf Gantenbrinks Entdeckung und die aktuellen Pläne von Hawass ansprach, blockte er erwartungsgemäß ab: »Ich würde es vorziehen, meine Meinung dazu im Moment nicht preiszugeben.«

Abb. 8: Flair für pompöse Inszenierungen: »Pyramiden-Chef« Zahi Hawass.

Hawass' Mitarbeiter, Mansour Radwan, führte das fürs Fernsehspecial geplante Vorgehen am 8. August 2002 anlässlich eines Vortrages in London näher aus. Wie seinerzeit Gantenbrink wolle man den »Blockierungsstein« mit Hilfe eines speziell entwickelten Roboters inspizieren, erklärte er. Mit Hilfe einer Minikamera solle dann durch eine Ritze hinter das Ende des Steines »geschielt« werden. Im Zweifelsfall würde dafür ein kleines Loch gebohrt. Ein Vorgehen, das Hawass höchstpersönlich noch 1998 als vollkommen erfolglos abqualifiziert hatte.

Während auch Mark Lehner mit einer ausgedehnten Vortragstournee die Werbetrommel für den Anlass rührte, staute sich hinter den Kulissen der Zorn vieler Ägypten-Forscher: Hatte sich Hawass von National Geographic nicht schon 1999 als Entdecker des »Grabmals von Osiris« feiern lassen, das ägyptische Ausgräber unter Selim Hassan bereits Mitte der 30er Jahre dieses Jahrhunderts erforscht hatten? Sollte man unwidersprochen hinnehmen, dass sich dieser mächtige Mann zum zweiten Mal innerhalb weniger Jahre mit fremden Lorbeeren schmücken wollte?

Angeführt von Bestsellerautor Robert Bauval gipfelte der Groll über Gantenbrinks Ausbootung in einem offenen Brief an die Adresse der National Geographic Society. Tenor: »Nach unserem Kenntnisstand konzentriert sich die geplante Dokumentation um die Arbeit von Zahi Hawass und Mark Lehner. Rudolf Gantenbrink dagegen wird in den öffentlichen Ankündigungen des Programms nicht einmal erwähnt. Wir sind schockiert, dass Herr Gantenbrink von National Geographic und den ägyptischen Behörden weder über die Sendung ›Secret Chambers Revealed‹ informiert, noch dazu eingeladen wurde. Wir hoffen, dass es nicht die Absicht von National Geographic ist, ihn vom Programm auszuschließen.«

Doch Bauval gab sich damit nicht zufrieden. Am 13. August 2002 griff er zum Telefon, rief Gantenbrink an und setzte sich anschließend mit Richard Reisz von der Londoner Produktionsfirma TV6 in Verbindung, die das Special mitproduzieren sollte. Dabei stellte sich heraus, dass TV6 bereits eineinhalb Jahre zuvor mit Gantenbrink Fühlung aufgenommen hatte, um an exklusives Filmmaterial seiner Forschungen heranzukommen. Laut Reisz wollte Hawass die Entdeckungsgeschichte des Schachtes ursprünglich offenbar komplett verschweigen. Der TV6-Produzent aber ließ durchblicken, dass man darauf gedrängt habe, Gantenbrinks Arbeit dennoch zu erwähnen. Er sei guten Mutes, dass seine Fernsehpartner damit einverstanden wären, versicherte er Bauval.

Rudolf Gantenbrink selbst bewies derweil Größe. In einem offiziellen Statement begrüßte er die Absicht der Ägypter, das Geheimnis des Schachts in der Königinnenkammer endlich ergründen zu wollen: »Natürlich hätte ich gerne einen Teil dazu beigetragen, eines der letzten Rätsel von Cheops zu lösen«, hielt er darin fest. »Doch es sollte nicht sein. Nichtsdestotrotz wünsche ich allen, die in diese spannende Unternehmung involviert sind, alles Gute beim Verfolgen der Spuren, die meine Forschungen hinterlassen haben.«

Die Verantwortlichen der National Geographic Society schienen von all dem Wirbel wenig mitzubekommen – bis zum 22. August. »Tief im Innern der Cheops-Pyramide stieß Dr. Hawass auf einen schmalen Geheimgang«, verkündeten sie damals in einer weiteren Ankündigung ihrer TV-Sendung. Wenige Stunden später prasselte ein regelrechtes E-Mail-Gewitter auf die verdutzten Produzenten herab. Hunderte von erbosten Surfern beklagten sich über die irreführende Formulierung. Flugs wurde der Text auf der Homepage geändert. Nun hieß es: »Tief im Innern der

Abb. 9: Ägyptische Statue. Zeugin einer Kultur voller rätselhafter Monumente.

Pyramide wird Dr. Hawass einen schmalen Geheimgang erforschen.«

Einer wusch seine Hände währenddessen in Unschuld: Mark Lehner. Die Erforschung der Schächte im Innern der Pyramide während der TV-Sendung falle nicht in seinen Zuständigkeitsbereich, teilte mir der amerikanische Ägyptologe auf Anfrage mit – und lehnte es ab, zur Kontroverse in irgendeiner Form Stellung zu nehmen. »Wenden Sie sich diesbezüglich bitte an die Leute von National Geographic.« Dort schien sich das Blatt zum Guten zu wenden: Unmittelbar darauf sicherte Simon Bohrsmann von National Geographic Channel UK-Europe nämlich offiziell zu, dass Rudolf Gantenbrinks Verdienste in der Sendung doch noch erwähnt würden.

Gut eine Woche vor dem Sendetermin dann erneut Aufregung: Hawass hatte den Gantenbrink-Schacht offensichtlich bereits erforscht – heimlich und auf eigene Faust. Dies bewiesen Pressebilder, die mir National Geographic im Vorfeld zur Verfügung gestellt hatte. Eines davon zeigt den Ägyptologen, wie er gespannt auf einen kleinen Monitor äugt, auf dem sich die Konturen des Schachts abzeichnen. Ein anderes Bild hält fest, wie der Roboter von zwei Personen in den Schacht gehievt wird.

Und tatsächlich: Monatelang hatten die Ägypter den Gang unter Ausschluss der Öffentlichkeit genauestens inspiziert, wie sich später herausstellen sollte – und dabei bereits ein Guckloch durch den lediglich acht Zentimeter (!) dünnen »Blockierungsstein« gebohrt. Da passt es auch ins Bild, dass mir National Geographic die Veröffentlichung besagter Fotos kurz vor Druckbeginn dieses Buches ausdrücklich untersagte – weil ich mich weigerte, die betreffenden Textstellen vor der Veröffentlichung in Washington »absegnen« zu lassen.

Zugegeben: Es wäre naiv gewesen zu glauben, dass Hawass seine »Live-Entdeckung« nicht proben würde. Wie peinlich, wenn der Roboter vor laufender Kamera irgendwo im Gang stecken geblieben wäre! Oder im entscheidenden Moment den Geist aufgegeben hätte! Nur: Wer konnte somit garantieren, dass bei der »Live-Erforschung« alles mit rechten Dingen zugehen würde? Würde Hawass alle neuen Erkenntnisse bis ins Detail preisgeben – selbst wenn sie die ägyptische Geschichte ins Wanken brächten?

»Es würde mich nicht wundern, wenn wir die aufregendsten Dinge gar nicht zu sehen bekämen«, brummte ein mir bekannter Archäologe wenige Tage vor der Sendung verstimmt. »Die haben doch längst hineingeschaut – auch wenn alle das Gegenteil behaupten.« Ich mochte ihm nicht widersprechen.

Abb. 10: Nahaufnahme der Cheops-Pyramide. Was geht hinter ihrer Fassade vor sich?

Am 16. September 2002 war es endlich soweit. Gebannt saßen Millionen von TV-Zuschauern in 141 Ländern in ihren Sesseln und wurden Zeugen einer gnadenlosen Unterhaltungsshow, die Archäologen die Schamesröte ins Gesicht trieb! Im Stile des US-Starmagiers David Copperfield spurtete ein übermütiger Zahi Hawass von einem archäologischen Schauplatz zum anderen. Immer einen coolen Spruch auf den Lippen, inszenierte sich der Mann als ägyptischer Indiana Jones – samt obligatem Schlapphut. Und räumte offen ein: »Auf diesen Moment habe ich mein Leben lang gewartet.«

Zwischen Hawass' Auftritten jede Menge vorproduzierte Einspielungen: Kurzbeiträge über die Ausgrabungen der Arbeiterstadt auf dem Gizeh-Plateau durch Mark Lehner. Ein paar Minuten über Gantenbrink – immerhin. Ellenlange Ausführungen über den Bau der Cheops-Pyramide und ihre zahlreichen Kammern. Dazwischen die Öffnung eines Aufseher-Sarges durch den Pyramiden-Direktor höchstpersönlich. Immer wieder unterbrochen von Werbeeinspielungen.

Und siehe da: Plötzlich wagten sich auch die Experten aufs Glatteis. Ein Papyrus könnte sich am Ende des Gantenbrink-Schachtes verbergen, mutmaßte Professor Rainer Stadelmann verwegen. Hawass selbst spekulierte gar über die »Schätze des Cheops«, die dort versteckt worden sein könnten. Aussagen, die allem widersprachen, was die beiden im Laufe der Jahre über den Gang von sich gegeben hatten.

Dann endlich der lang ersehnte Moment: Die Minikamera des Roboters schiebt sich durch ein Bohrloch in die Steinplatte – und gibt den Blick auf eine kleine Kammer frei, die sich dahinter verbirgt. Begrenzt wird der geheimnisvolle Hohlraum von einer weiteren Steinplatte. Gemurmel und Freudenschreie. »Eine weitere Türe, eine weitere versiegelte Kammer«, kommentiert Hawass euphorisch, während ihm der Schweiß von der Stirn rinnt. »Wir stehen hier vor einer Entdeckung. Ich bin sehr stolz ...«

Wenige Minuten später läuft bereits der Abspann. Zurück bleiben Millionen von verdutzten TV-Zuschauern, die sich fragen, was das alles zu bedeuten hat: Welches Geheimnis birgt die zweite Türe? Warum wurde der Hohlraum nur ein paar Sekunden gezeigt? Warum das abrupte Ende? Wurde uns etwas vorenthalten? Womöglich gar in der Absicht, dieses Etwas unter Ausschluss der Öffentlichkeit in aller Stille weiter zu untersuchen?

Renommierte Ägyptologen machten ihrem Ärger in der Folge Luft: Das Fernsehpublikum sei an der Nase herumgeführt worden, kritisierten sie. Andere bemängelten, dass einer der Kupferbeschläge von den Forschern während der Voruntersuchungen beschädigt worden war, wie deutlich zu sehen war – ohne dass dies in der Sendung erwähnt worden wäre. Zu Diskussionen Anlass gab aber auch die Öffnung des Aufsehersarges durch Hawass: »Ein nichtägyptischer Archäologe hätte, wenn er den Sargdeckel auf solch brutale Weise mit der Brechstange bewegt hätte, ganz bestimmt seine Grabungskonzession verloren«, gab mir Dr. Frank Steinmann vom Ägyptischen Museum der Universität Leipzig irritiert zu verstehen.

Da auch die Programmmacher des ZDF nach der Ausstrahlung eins und eins zusammenzählen konnten, schmissen sie die angekündigte Wiederholung der Sendung kurzerhand aus dem Programm. Stattdessen luden sie Rudolf Gantenbrink am 17. September 2002 in die Fernsehtalkshow von Johannes B. Kerner – um ihm doch noch eine öffentliche Plattform zu bieten.

Und Gantenbrink war brillant. Ohne Groll, dafür mit Witz und Scharfsinn analysierte er die Geschehnisse.

Nicht ohne Schmunzeln erinnerte er daran, wie viele Ägyptologen die von ihm entdeckte Steinplatte 1993 vorschnell zum »Abschlussblock« degradierten, bis sie jetzt von National Geographic unerwartet eines Besseren belehrt wurden.

Dass Fachleute, wie der Berliner Ägyptologe Professor Dietrich Wildung, auch die zweite Platte von ihrem Schreibtisch aus flugs zum »Kalksteinblock, der den Rest des sicher unvollendeten Ganges blockiert« erklärten, mochte den Ingenieur nicht beeindrucken, wie er ausführte: Wenn es sich bei der von ihm entdeckten Platte tatsächlich um eine kleine Tür handle, »dann muss man damit rechnen, dass es insgesamt drei sein könnten. Das habe ich schon 1993 gesagt. Da jetzt die zweite Platte gefunden wurde, wird es noch eine dritte geben. Und dahinter muss natürlich etwas sein.« Möglicherweise das Grab der Mutter von Cheops, wie Gantenbrink mittlerweile spekuliert?

Interessanterweise fühlten sich Ägyptologen aus aller Welt in den folgenden Tagen fast unisono bemüßigt, die Entdeckung herunterzuspielen. »Ein Mega-Medienevent mit Vorspiegelung falscher Erwartungen«, polterte etwa die Münchner Ägyptologin Rosemarie Klemm auf Anfrage. »Wissenschaftlich anspruchslos, war die Sendung für mich ärgerlich und im Grunde sogar langweilig.« Etwas differenzierter äußerte sich Professor Antonio Loprieno von der Universität Basel-Stadt (Schweiz) – und räumte unverhohlen ein: »So wie die Dinge jetzt laufen, sind wir mit dem Publikumsecho, das unsere Entdeckungen hervorrufen, überfordert.«

Viel Zeit, um nachzudenken, blieb den Ägyptologen tatsächlich nicht. Denn bereits am Montag, 23. September 2002, explodierte der nächste »Kracher«: Aus Kairo vermeldete die deutsche Nachrichtenagentur dpa die sensa-

Abb. 11: Mit einem Miniaturroboter wird vor laufender Kamera ein Loch in die »Türe« gebohrt.

tionelle Kunde, dass Zahi Hawass mit seinem Roboter in der Königinnenkammer eine weitere, bislang unbekannte Tür entdeckt habe. Und zwar am Ende des Nordschachts – dem »Zwillingsbruder« des bereits untersuchten Ganges. Gantenbrink hatte diesen Schacht 1993 ebenfalls erforscht, musste seine Untersuchung aber wieder abbrechen, ohne dessen Ende in Augenschein genommen zu haben.

Alles glaubte an jenem Montag an eine Ente. Die Verwirrung war perfekt. Doch die Meldung – nur gerade eine Woche nach dem TV-Special – entsprach der Wahrheit: Die zweite, ebenfalls mit zwei Kupfergriffen bestückte Ge-

I Mysteriöse Entdeckungen

Abb. 12: Enthalten uns die Ägypter Erkenntnisse vor? Vieles spricht dafür.

heimtür gleiche derjenigen im Südschacht bis aufs Haar, bestätigte Chefarchäologe Hawass den Journalisten. Auch die Distanz zwischen Schachtbeginn und Steintüre sei mit exakt 64 Metern identisch: »Wir wissen nun, dass die Schächte nachträglich geplant worden sind, denn der Nordschacht wurde mit mehreren Kurven gebaut, damit er die Große Galerie, die zur Grabkammer führt, nicht berührt.«

Archäologen und Ingenieuren in aller Welt blieb die Spucke weg: Wie um Himmels willen – so fragten sie sich entgeistert – sollen die alten Ägypter einen gerade mal 20 Zentimeter breiten und hohen, gewundenen Schacht mit ihren reichlich primitiven Werkzeugen nachträglich eingebaut haben? Hawass mochte darüber vorläufig nicht spekulieren: »Das wissen wir noch nicht.« Stattdessen zeigte er sich überzeugt, dass sich auch hinter der Nordschacht-Türe ein Hohlraum samt Blockierungsstein verbirgt.

Stellt sich die Frage, warum die Expedition im Nordschacht nicht im Fernsehen gezeigt worden war. Hatte man die Ergebnisse absichtlich zurückbehalten, um sie erst später zu lancieren? Oder war das Risiko zu groß, dass der Roboter im deutlich verwinkelteren Nordschacht bis in alle Ewigkeit stecken bleiben würde? Wollte man das schwierigere Wagnis erst eingehen, als die TV-Scheinwerfer bereits wieder abgebaut waren? Oder vermutete man im Gang noch ganz andere Schätze, die niemand zu Gesicht bekommen sollte?

Fragen, auf die auch Rudolf Gantenbrink keine schlüssige Antwort hatte, als ich mit ihm telefonierte. »Was derzeit wissenschaftlich abgeht, halte ich nachdem, was ich weiß, sowieso für ziemlich fragwürdig«, ärgerte er sich. »Man erfährt ja nicht, ob all die neuen Befunden überhaupt sauber dokumentiert und publiziert werden. Das Ganze sieht für mich im Moment eher nach einer Schatzsucher-Expedition aus, bei der vor allem das Geld im Vordergrund steht.«

Zuletzt habe er Hawass im Herbst 2001 in Köln getroffen, berichtete mir der Münchner – und ließ bei dieser Gelegenheit eine weitere Bombe platzen: »Wir gingen damals zusammen essen, nachdem Hawass einen Vortrag gehalten hatte. Selbstverständlich haben wir dabei auch über die weitere Untersuchung der Schächte gesprochen. Und Hawass fragte mich, ob ich Interesse daran hätte, dies mit National Geographic und ihm zusammen zu tun – was ich natürlich bejahte. Anschließend erzählte ich ihm, was sich meiner Meinung am Ende des Südschachts befinden könnte. Nämlich das Grabmahl der Hetheperes, der Mutter des Cheops. Leider fand die ganze Untersuchung später ohne mich statt. Über die Gründe dafür kann ich rückblickend nur spekulieren ...«

Ob wir die Wahrheit über das Geheimnis der Cheops-Pyramide je erfahren werden, steht somit in den Sternen. Bis zum Abschluss der Untersuchungen dürften jedenfalls noch Jahre vergehen. Jahre, in denen uns die Ägypter mit weiteren Zwischenergebnissen nach ihrem Geschmack füttern werden. Eines scheint während der National-Geographic-Sendung nämlich allen klar geworden sein: Zahi Hawass – so bedauerlich das wissenschaftlich scheint – ist ein leidenschaftlicher Nationalist. Alles, was die grandiosen Leistungen der alten Ägypter schmälern könnte, ist dem Pyramidenverwalter ein Dorn im Auge.

Nicht auszudenken, welche Ausreden er uns auftischen müsste, wenn am Ende der Schachtblockierungen wider Erwarten ein nichtägyptisches »Überbleibsel« im Licht seiner Scheinwerfer aufblitzen würde ...

2 Jahrmillionenalte Reliefkarte

Steinplatten aus dem Ural stellen Geschichte auf den Kopf

Die Geschichte spielt am anderen Ende der Welt – in der russischen Republik Baschkortostan. Sie könnte dem Drehbuch eines Science-Fiction-Films à la »Stargate« entstammen. Doch sie ist wahr. Und lässt sich mühelos überprüfen. Ihre Protagonisten sind Menschen aus Fleisch und Blut. Ihre Botschaft stellt alles in Frage, was wir über unsere Herkunft zu wissen glauben.

International publik gemacht wurde sie von der »Prawda«. In fetten Lettern berichtete die russische Zeitung in ihrer Ausgabe vom 30. April 2002 über Professor Aleksandr Nikolayevich Chuvyrov, Leiter des Department of Applied Physics an der Baschkirischen Staatlichen Universität. Unbestreitbare Beweise für die Existenz einer uralten, hoch entwickelten Zivilisation habe der gelernte Physiker entdeckt, jubelten die Journalisten aufgeregt.

Im Zentrum der Kontroverse steht eine geheimnisumwitterte Steinplatte, die der Professor 1999 in der Nähe des Dorfes Chandar in der Region Nurimanov ans Licht brachte. Darauf sei vor Jahrmillionen »mit unbekannter Technologie« eine dreidimensionale Reliefkarte des Urals eingraviert worden, samt Dämmen und Kanälen. Südlich von Ufa zeige das kartographische Wunderwerk einen Canyon, den es in dieser Form heute nicht mehr gibt. Zudem befänden sich auf der Tafeloberfläche Schriftzeichen unbekannter Herkunft.

Die Republik Baschkortostan liegt im Süduralgebiet. Als Bestandteil der Russischen Föderation beherbergt das ferne Land gegenwärtig rund vier Millionen Menschen.

Dort, inmitten von Gebirgsketten, grenzenlosen Steppen, Flüssen und undurchdringlichen Wäldern stöberte Aleksandr Chuvyrov mit seiner Assistentin, der chinesischen Linguistin Huang Hung, eigentlich nach etwas ganz anderem: In mühseliger Kleinarbeit versuchten die beiden, die Theorie zu verifizieren, wonach chinesische Bevölkerungsgruppen in das Gebiet um den Ural und nach Sibirien migrierten. In Felsen und Stein geritzte altchinesische Schriftzeichen schienen ihre Vermutung zu erhärten.

Dann aber stolperten die Wissenschaftler in den Archiven der Hauptstadt Ufa über Aufzeichnungen aus dem 18. Jahrhundert. Rund 200 weiße Reliefplatten mit geheimnisvollen Schriftzeichen habe eine russische Expedition in der Region Nurimanov unter die Lupe genommen, hieß es darin. Also disponierten Chuvyrov und Assistentin Hung um. Sie formierten 1998 ein Forschungsteam und flogen die Gegend mit einem Helikopter ab. Vorerst ohne Erfolg.

Bei Chandar, 120 Kilometer von Ufa entfernt, wurden sie am 21. Juli 1999 schließlich doch noch fündig – durch einen Zufall. Die Kunde von den beiden Forschern war dort nämlich bis zu Vladimir Krainow durchgedrungen, dem ehemaligen Vorsitzenden des örtlichen Landwirtschaftsrats. Und als Krainow die beiden in sein Bauernhaus führte, mochten sie ihren Augen kaum trauen: Unter der Veranda steckte eine verbaute, bearbeitete Steinplatte. 1,48 auf 1,06 Meter groß, 16 Zentimeter breit.

Chuvyrov ließ die tonnenschwere Platte ausgraben und in seine Universität abtransportieren. Dort entpuppte sich das Stück als überdimensionale Reliefkarte der Ural-Region, wie beigezogene Kartographen attestierten. Drei Gesteinsschichten konnten identifiziert werden, von denen zwei separat aufgetragen worden sein mussten. Bei der ersten handelt es sich laut Chuvyrov um Dolomit. Die

2 Jahrmillionenalte Reliefkarte

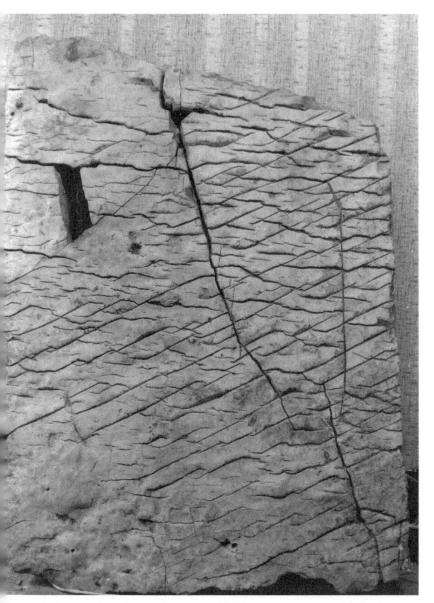

Abb. 13: Geheimnisvolle Steinplatte: Existieren noch weitere Exemplare dieser Art?

zweite mit dem Relief besteht aus Diopsid-Glas. Ihre Bearbeitung ist bislang unklar. Die dritte ist gerade mal einige Millimeter dünn und bildet eine Art Schutzschicht aus Calcium-Porzellan.

Nach Aussagen der Wissenschaftler ist die Präzision des dreidimensionalen Reliefs einzigartig. Eigentlich könne es nur mit Hilfe von Satellitenbildern fabriziert worden sein. Eine konventionelle Bearbeitung in grauer Vorzeit wurrde nach umfangreichen Untersuchungen ausgeschlossen. Stattdessen, so scheint es, wurde die Platte offensichtlich mit modernen technischen Hilfsmitteln hergestellt.

All diesen Erkenntnissen scheint aber das Alter der Steinbearbeitung zu widersprechen: Wurde es ursprünglich auf einige tausend Jahre geschätzt, spekulieren die

Abb. 14: Misst dem Fundstück große Bedeutung bei: Professor Aleksandr Chuvyrov.

baschkirischen Forscher mittlerweile, dass das Relief im Maximum sagenhafte 50 bis 120 Millionen Jahre alt sein könnte! Zumindest ist dies das Alter zweier Muscheln auf seiner Oberfläche, die einst als Markierungspunkte in den Stein eingesetzt worden waren. Weitere Messungen sollen diese gewagte Hypothese stützen.

Doch damit nicht genug: Wie Chuvyrov in einem Online-Interview mit der »Prawda« darlegte, liegen den Wissenschaftlern Hinweise auf fünf weitere ähnliche Reliefplatten vor. »Ihr Standort ist uns bekannt. Sobald wir über genügend finanzielle Mittel verfügen, werden wir sie bergen und in Museen ausstellen. Lokalisiert wurden die Tafeln in Siedlungen der Nurimansky-Region.«

Ob so vieler sensationeller Informationen meldeten sich im Internet natürlich auch Skeptiker zu Wort. »Nachdem ich ursprünglich an eine Zeitungsente glaubte, musste ich meine kritische Haltung insofern relativieren, als es den Professor und seine ominöse Steinplatte zumindest gibt«, schrieb einer. Und ein anderer wies darauf hin, dass Journalisten bei ihren Darstellungen gerne übertreiben würden. »Vermutlich weiß der gute Professor nicht einmal, dass sein Name mittlerweile um die Welt geht.«

Der »gute Professor« wusste es sehr wohl. Schließlich ist man auch in Ufa mit dem Internet verkabelt. Dass man den ursprünglich verbreiteten Meldungen jedoch tatsächlich nicht blindlings glauben durfte, zeigte die Verlautbarung einiger Journalisten, wonach das »Center for Historical Cartography« in Wisconsin festgestellt habe, dass »die Karte nur mit Hilfe von Luftfotografien hergestellt worden sein kann«.

Wie Recherchen des Italieners Diego Cuoghi ergaben, meinten die Schreiber offenbar »The History of Cartography Project« in Wisconsin. Dort wusste man über Chuvyrovs Entdeckung zwar Bescheid, betonte aber gegenüber Cuoghi, die Steinplatte nie persönlich in Augenschein genommen zu haben. Originalton: »Wir hatten vor einigen Jahren zwar Kontakt mit Professor Chuvyrov, wiesen aber darauf hin, dass wir keine Kommentare dazu abgeben können, ohne die Steinplatte persönlich in Augenschein genommen zu haben.«

Bleibt die Tatsache, dass die Herstellung von 3-D-Reliefkarten zu den anspruchsvollsten Aufgaben gehört, denen Wissenschaftler in der heutigen Zeit nachgehen. Jahrelange Fleißarbeit und hochmoderne Computersysteme sind dazu notwendig. Wie aber sollen unsere Vorfahren bewerkstelligt haben, was wir heute erst zu tun beginnen?

Laut Chuvyrov entspricht die auf dem Relief verewigte Landschaft exakt dem Abbild, wie sich die erwähnte Gegend dem Betrachter vor Jahrmillionen präsentiert hat. »Herauszufinden, wer dafür verantwortlich zeichnete, ist nicht mein Problem«, betonte er in einem Brief, den er mir schrieb. »Das müssen andere Experten klären. Außerdem bin ich kein Fantasyautor. Mit Bestimmtheit weiß ich nur, dass *wir* es nicht waren. Es müssen sehr intelligente Wesen gewesen sein. Sie haben eine dreidimensionale Karte geschaffen, wie wir es heute noch nicht tun könnten.«

Auch über die entdeckten Muscheln wusste Aleksandr Chuvyrov Interessantes zu berichten. Die eine davon gehöre einer Gattung an, die vor 50 Millionen Jahren verschwand. Die andere wurde einer Muschelfamilie zugeordnet, die vor 120 Millionen Jahren auftauchte. »Beide Muscheltypen finden sich meines Wissens nicht in der Uralgegend. In der Regel findet man sie in Westeuropa, Indien und Indonesien.«

Skeptiker mögen diese Ausführungen wenig überzeugen. Der Osten ist für sie wissenschaftliches Entwicklungsland. Geschichte wird im Westen geschrieben,

2 Jahrmillionenalte Reliefkarte

Abb. 15: Handelt es sich um die älteste dreidimensionale Reliefkarte der Welt?

I Mysteriöse Entdeckungen

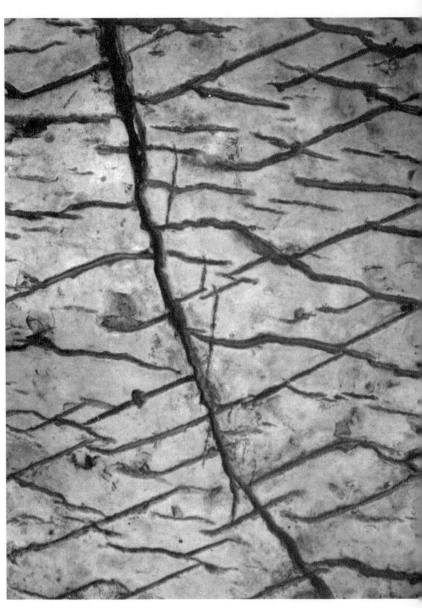

Abb. 16: Nicht nur das Alter, sondern auch die Herstellung der Platte gibt Rätsel auf.

Geschichten im Osten. Jedenfalls glauben sie das zu wissen und zeichnen es bereits in den schillerndsten Farben – das Bild des skurrilen Forschers, der in einer ungeheizten Hütte fernab der Außenwelt vor sich hin spintisiert.

Doch weit gefehlt. Das Gegenteil ist der Fall. So diskutierte der Professor seine Entdeckung unter anderem auch mit hochrangigen Spezialisten in Moskau. Das entsprechende Diskussionsprotokoll liegt mir vor.

»Es kann doch nicht sein, dass ein derart gescheiter Kopf wie Sie glaubt, irgendwelchen außerirdischen Zivilisationen auf die Spur gekommen zu sein«, polterte einer bereits zu Beginn des Gesprächs. Doch Chuvyrov blieb gelassen: In einem verbalen Rundumschlag distanzierte er sich von sämtlichem esoterischen Gedankengut und religiösem Fanatismus. Gleichzeitig betonte er aber auch, wie wichtig es sei, alle möglichen Theorien hinsichtlich der Entstehung der Platte zu prüfen und gegeneinander abzuwägen. »Selbst die unglaubwürdigsten.«

Ausführlich schilderte er seinen Kollegen darauf den Hintergrund seiner Entdeckung: »Anfänglich dachten wir, es mit einem rund 3000 Jahre alten Relikt zu tun zu haben. Aber unsere Freude darüber währte nicht lange. Nach verschiedenen Abklärungen waren wir regelrecht schockiert. Schlagartig wurde uns bewusst, dass wir es hier offenbar mit einem jahrmillionenalten Objekt zu tun hatten, das sich mit Hilfe unserer herkömmlichen Denkmuster nicht verstehen ließ. Es blieb uns nichts anderes übrig, als uns im Laufe der Zeit an unser ›Wunder‹ zu gewöhnen – ähnlich einer Frau, die gerade ein Baby zur Welt gebracht hat.«

Das sei ja alles gut und recht, winkte ein anderer Kollege ab. »Aber wie haben Sie die auf der Karte dargestellte Region denn überhaupt erkannt?«, wollte er wissen. »Je-

I Mysteriöse Entdeckungen

Abb. 17a: Die »Karte« wurde aus drei verschiedenen Gesteinsarten fabriziert.

dermann weiß doch, dass man mit einer guten Portion Fantasie überall ›Karten‹ entdecken kann – sogar in jeder Wolke!«

Das sei tatsächlich so, nickte der Professor. »Dennoch ist die Darstellung frappierend: Erstaunt hat uns vor allem die Sache mit dem einstigen Canyon von Ufa – einem tektonischen Bruch in der Erdkruste zwischen Ufa und Sterlitamak vor Jahrmillionen.« Im Laufe der Zeit schloss sich die Erde dort später wieder – zum heutigen Bett des Urshakflusses. Interessanterweise sei der einstige Verlauf des Canyons auf der Karte exakt abgebildet.

»Meine Zweifel sind noch nicht ausgeräumt«, meldete sich eine weitere kritische Stimme. »Sie sind Physiker – die Erforschung unserer Vergangenheit ist nicht Ihr Spezialgebiet!«

2 Jahrmillionenalte Reliefkarte

Abb. 17b: »Erstaunt hat uns vor allem die Sache mit dem einstigen Canyon von Ufa ...«

Er habe anfänglich viel Zeit in Archiven und Bibliotheken verbringen müssen, stimmte ihm Chuvyrov zu. »Und natürlich kann ich nicht alles wissen. Deshalb arbeitete ich ja auch mit Spezialisten aller Gattungen zusammen, organisierte unzählige Besprechungen und Diskussionen. Nicht nur in unserem Land – auch im Ausland. Ergänzend dazu nahm ich mit meinen Mitarbeitern an zahlreichen internationalen Konferenzen teil.«

Nach einer kurzen Pause fuhr der Professor fort: »Ich gebe Ihnen ein kleines Beispiel. Es betrifft die Inschriften auf der Platte. Professor Du Khong von der Hwang Normal University hat sie ausführlich studiert. Ihm zufolge handelt es sich um Hieroglyphen unbekannter Bedeutung. Wie Sie sehen, haben wir alle Details von entsprechenden Spezialisten checken lassen.«

Man mag zu Chuvyrovs Ausführungen stehen wie man will. Faszinierend sind sie allemal. Nicht auszudenken, welche Erkenntnisse weitergehende Untersuchungen an den Tag bringen könnten – wenn namhafte Forscher ihr Wissen dazu einbringen würden. Doch die Republik Baschkortostan ist Niemandsland. Welcher universitäre Trupp wagt sich schon gerne in die unergründlichen Weiten des Urals. Und so steht Chuvyrovs Prunkstück heute unbeachtet im Museum für Archäologie und Ethnographie des Scientific Center von Ufa, wo es weiterer Expertisen harrt.

Nichtsdestotrotz lässt sich der rührige Professor nicht unterkriegen. Er will auf eigene Faust weiterforschen. Mit gutem Grund, wie er mir im Laufe unserer Korrespondenz verriet: »Analysen der Oberflächenreliefs zeigen, dass es Fortsetzungen davon auf weiteren Platten geben muss.«

Wo aber befinden sich diese heute? »So wie es aussieht, verwendete man sie in moderner Zeit als Baumaterial«, erläutert Chuvyrov. »Ein bekanntes Vorgehen. Dasselbe Schicksal erlitten historische Steinmonumente in Ägypten, Griechenland oder England.«

Und in der Tat: Nach dem Erscheinen verschiedener Artikel in der lokalen Presse und intensiven Gesprächen mit den Einwohnern habe sich denn auch herausgestellt, wo sich die erwähnten fünf weiteren Reliefplatten heute befinden: in den Fundamenten von Häusern. Eine davon soll über zwei Tonnen wiegen.

Wie durch einen Wink des Schicksal würden mehrere dieser Bauten derzeit abgerissen. Aleksandr Chuvyrov: »Somit können wir weitere Untersuchungen in Angriff nehmen. Glücklicherweise bekunden die betroffenen Besitzer mehr Interesse an einer wissenschaftlichen Erforschung der Platten als an der Möglichkeit, daraus Kapital zu schlagen.«

3 Okkultisten auf dem Taennchel?

Französische Behörden halten Statuetten
unter Verschluss

Zehn steinerne Fundstücke. Eines kurioser als das andere. Allesamt üben sie eine seltsame Faszination aus. Übersät mit seltsamen Fratzen, mysteriösen Schriftzeichen und halbmondförmigen Flugobjekten, bereiten die imposanten Statuetten den französischen Archäologen nichts als Ärger. Denn ihre Hersteller verstecken sich in der Dunkelheit der menschlichen Vergangenheit. Dort, wo sich nur hinwagt, wer keine wissenschaftliche Karriere anstrebt.

Gefunden wurden die kuriosen Statuetten auf dem Taennchel, einem sagenumwobenen Bergmassiv in der Vogesenkette des Elsass in Frankreich. Mit seinen vorzeitlichen Steinformationen regt der gewaltige Berg seit jeher die Fantasie von Dichtern und Denkern an. Während die einen ihn schlicht als »einzigartige Kraftstätte« preisen, sehen andere in ihm sogar ein germanisches Heiligtum.

Untersucht, geschweige denn erhärtet, sind diese Theorien bislang so gut wie gar nicht. Denn Berge wie der Taennchel verstören die Wissenschaftsvertreter. Sie ziehen Amateurforscher an. Rutengänger, Esoteriker und Pendelschwinger. Kauzige Zeitgenossen, die sich guten Gewissens der Realität entziehen. Professoren sieht man dort selten wandern. Sie sind dankbar, wenn sie in der fantasievollen Idylle nicht erkannt werden.

Der Gipfel des Taennchel ist nur zu Fuß erreichbar. Etwa von Ribeauvillé aus. Aber auch von Grand Rombach, Ste-Croix-aux-Mines. Dort wohnt der Förster Marc Schultz. Ihm verdanken wir, dass wir überhaupt von den

I Mysteriöse Entdeckungen

Abb. 18: Zwei der seltsamen Statuetten, die von der Gendarmerie beschlagnahmt wurden.

seltsamen Statuetten wissen. Ohne sein beherztes Eingreifen hätten die kuriosen Objekte nie das Licht der Öffentlichkeit erblickt. Stattdessen wären sie wohl unter der Hand an interessierte Sammler verschachert worden, wie dies leider immer wieder geschieht.

Durch französische Veröffentlichungen neugierig geworden, besuchte ich Schultz mit einem Kollegen im idyllischen Örtchen Grand Rombach, wo er abgeschieden von der Außenwelt haust. Während uns seine Freundin reichlich Wein auftischte, erzählte der sympathische Elsässer »seine« Geschichte. Geduldig beantwortete er alle Fragen.

Begonnen hatte alles 1995, als sich einige Freunde bei ihm meldeten. Vier Statuetten hätten sie auf dem Taennchel unterhalb von Felsformationen gefunden, berichte-

3 Okkultisten auf dem Taennchel?

Abb. 19: Wie alt sind die Fundstücke? Und was wollten die Künstler darstellen?

I Mysteriöse Entdeckungen

Abb. 20: Drei weitere Statuetten. Auch sie konnten von den Behörden sichergestellt werden.

ten sie ihm aufgeregt. Eine in der Gemeinde von Thannenkirch und die anderen drei in den Gemeinden von Rorschwihr und Rodern.

»Weil ich nicht wusste, wie man in einem solchen Fall vorgehen sollte, bat ich sie, mir die Objekte vorläufig anzuvertrauen, damit sie Joël Schweitzer, Konservator des Musée Historique von Mulhouse, mit uns unter die Lupe nehmen konnte«, erzählte uns Schultz. »Nach unserem Treffen kamen wir zum Schluss, dass die Fundstücke offensichtlich aus gallo-römischer Zeit stammten. Vermutlich waren sie von einigen Kelten angefertigt worden, die sich in die versteckten Winkel der Vogesen zurückgezogen hatten.«

3 Okkultisten auf dem Taennchel?

Abb. 21: Die Darstellungen sorgen unter Archäologen für einige Aufregung.

Schultz arbeitete einen Schlachtplan aus: Niemand sollte sich mehr an den Entdeckungsorten zu schaffen machen, um fachmännische Untersuchungen zu gewährleisten. Der Förster wollte sich um das Objekt von Thannenkirch kümmern und das zuständige Bürgermeistereiamt informieren. Seine Freunde – so wurde beschlossen – nähmen sich den Objekten von Rorschwihr und Rodern an und informierten ebenfalls die jeweiligen Behörden.

»Dann fingen die Komplikationen an«, seufzte Schultz. An den Fundstellen nämlich, so stellte er vor Ort fest, war eifrig gebuddelt worden. »Ich rief meine Freunde an und stellte sie zur Rede. Sie aber verteidigten sich: Die Objekte hätten bereits aus dem Boden geragt. Sie hätten sie lediglich aus der Erde gehoben. ›Vielleicht hat uns ja jemand beobachtet und anschließend weitergegraben‹, rechtfertigten sie sich.«

Schultz glaubte ihnen kein Wort. Eilig veranlasste er eine Begehung des Geländes durch Repräsentanten des Service Régional de l'Archéologie. Gleichzeitig alarmierte er das Bürgermeistereiamt von Thannenkirch. Seine Freunde bot er ebenfalls auf, um sich mit den restlichen drei Statuetten einzufinden – und wies sie nachdrücklich darauf hin, ihrerseits ebenfalls die Behörden von Rohrschwihr und Rodern zu kontaktieren, wie es abgemacht worden war.

Die ominösen »Freunde« aber ließen Schultz im Regen stehen. Keiner von ihnen mochte sich am besagten Tag blicken lassen. Doch damit nicht genug: Fassungslos musste der Förster zur Kenntnis nehmen, wie die lokalen Archäologen bei einem Augenschein vor Ort jegliches Interesse an der Figur von Thannenkirch verloren.

»Christian Jeunesse von der Direction Régional des Affaires Culturelles in Strasbourg erklärte mir, dass die Skulptur vermutlich gerade mal ein Jahrhundert alt sei. Womöglich sei sie von einer Sekte angefertigt worden. Jedenfalls verdiene sie überhaupt keine Beachtung.« Von den anderen Figuren wollte der Fachmann erst gar nichts wissen ...

Schultz war am Boden zerstört. Umso mehr, als die Objekte nicht einmal einer wissenschaftlichen Untersuchung unterzogen werden sollten. Enttäuscht und wütend entschloss er sich, der Sache auf eigene Faust nachzugehen. Als Erstes wurde er erneut bei seinen »Freunden« vorstellig – ohne Ankündigung. »Schließlich wollte ich wissen, warum sie der Begehung ferngeblieben waren.« Dort angekommen aber mochte er seinen Augen nicht trauen: »Ich entdeckte bei ihnen drei weitere Fundstücke. Sie ge-

3 Okkultisten auf dem Taennchel?

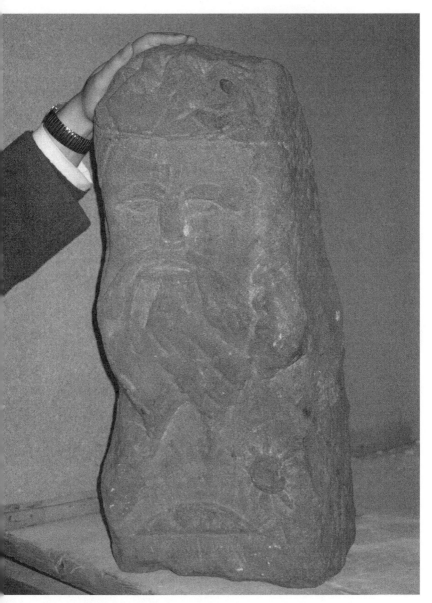

Abb. 22: Manche Wissenschaftler vermuten, dass es sich um Kultobjekte handelt.

I Mysteriöse Entdeckungen

Abb. 23: Heute befinden sich die zehn Statuetten im Keller des Museums Unterlinden in Colmar.

standen mir, diese kurz zuvor auf dem Taennchel entdeckt zu haben ...«

Dem Förster platzte der Kragen. Kam dazu, dass ihm die Hobbygräber unzählige Ausreden auftischten, weshalb sie die Behörden nicht informiert hätten. Dann erklärten sie, dass sie dringend Geld bräuchten. Also hätten sie sich entschieden, die Fundstücke unter der Hand an den nächstbesten Sammler zu verkaufen. Schultz: »Sie gingen sogar so weit, auch die Thannenkirch-Statue von mir zurückzufordern. Es blieb mir nichts anderes übrig, als die Behörden selber über ihr Treiben zu informieren.«

Und so verständigte das alarmierte Bürgermeistereiamt schließlich die Gendarmerie von Ribeauvillé, welche die mysteriösen Fundstücke beschlagnahmte. Dass die »Schatzsucher« juristisch nicht zur Rechenschaft gezogen wurden, kann sich Schultz bis heute nicht erklären. Ebenso wenig will er verstehen, weshalb die sieben Statuetten anschließend dem Museum Unterlinden in Colmar übergeben wurden. Dort verschwanden sie nämlich ebenso schnell im Keller, wie sie angekommen waren. »Ohne dass meines Wissens eine wissenschaftliche Untersuchung vorgenommen worden wäre.«

Auf dem Taennchel kehrte wieder Ruhe ein. Allerdings nur bis 1997. Dann nämlich entdeckte Marc Schultz auf dem Parkplatz von Rotzel das Auto seiner »Freunde« wieder. Im Innern fanden sich verschiedene »Schatzsucher«-Utensilien.

»Diesmal kam mir wirklich die Galle hoch«, erinnerte sich der Förster. Schnaubend vor Wut kletterte er mit einigen Kollegen den Berg hinauf. Und entdeckte, was er befürchtete: »Mit einem Metalldetektor suchten sie dort oben den Berg ab.« Die Geschichte wiederholte sich: Erneut bot Schultz die Behörden auf. Und erneut fand die

I Mysteriöse Entdeckungen

lokale Polizei im Domizil der eifrigen Schatzsucher drei Statuetten.

Nachdem sich kurz darauf auch der französische Forscher Guy Trendel und weitere Amateur-Archäologen für die Fundstücke zu interessieren begannen, wurden endlich auch die französischen Medien aktiv. In mehreren Artikeln und Reportagen beleuchteten die Lokaljournalisten das Taennchel-Mysterium in allen Facetten. Die Archäologen indes hielten sich mehrheitlich bedeckt. Schließlich ließen sich die Taennchel-Figuren in kein gängiges Raster passen. Also ignorierte man sie einfach. Wer schweigt, sagt zumindest nichts Falsches.

Stellvertretend für die Haltung der »offiziellen« Archäologie sei hier auf einen Brief von Jean-Luc Bredel vom Ministerium für Kultur und Kommunikation der Préfec-

Abb. 24: Auf Geheiß der Gendarmerie müssen die Fundstücke in Verwahrung bleiben.

ture de la Région d'Alsace in Strasbourg verwiesen. Angesprochen auf die Taennchel-Funde hielt der Directeur Régional des Affaires Culturelles darin am 5. Juli 2001 fest, dass »diese Affäre nun schon einige Jahre dauert. Sie war Thema zweier juristischer Prozeduren, verschiedener Expertisen, zahlreicher Artikel und einer Fernsehsendung, an der einige meiner Kollegen teilnahmen.«

Die besagten Objekte, so Bredel weiter, »einige von ihnen sehr seltsam und sicherlich von ästhetischem Interesse«, könnten keiner früheren Epoche zugeordnet werden. »Am wahrscheinlichsten handelt es sich um die Werke eines Künstlers, der vor einigen Jahrzehnten in diesem Sektor gearbeitet hat.« Auf jeden Fall seien die Statuetten im 20. Jahrhundert hergestellt worden.

Im selben Brief wird von »okkultistischen Zeremonien« berichtet, die auf dem Taennchel stattgefunden hätten. Bredel: »Tatsache ist, dass dieser Ort zahlreiche Radiobiologen, Keltomanen und ET-Fans anzieht.« Die Taennchel-Fundstücke, so der Direktor abschließend, seien denn auch nicht als »archäologische Funde, was sie ganz sicher nicht sind« ins Museum Unterlinden gebracht worden, »sondern als Zeugen gewisser Glaubensmuster des 20. Jahrhunderts, und, wie es scheint, auch des 21. Jahrhunderts«.

Auch Besserwisser laufen manchmal zur Höchstform auf. Also suchte ich in französischen Fachzeitschriften nach gesicherten Untersuchungsresultaten. Vergeblich. Kein Satz. Kein Wörtchen darüber. Nicht einmal ein negatives.

Ende 2001 erkundigte ich mich beim Museum Unterlinden nach dem Verbleib der Statuetten. Niemand hielt es für nötig, zu antworten. Die Funde wurden totgeschwiegen. Im Sommer 2002 doppelte ich nach – via E-Mail, worauf mir das Museum versicherte, meine Anfrage an die

I Mysteriöse Entdeckungen

Verantwortliche für die archäologischen Sammlungen, Suzanne Plouin, weiterzuleiten. Dann hielt die große Stille Einzug.

Zugegeben, die Mühlen der französischen Behörden mahlen bekanntlich langsam. Dennoch neigte sich meine Geduld dem Ende zu. Also versuchte ich mein Glück eine Stufe höher, bei der Direction Régional des Affaires Culturelles (DRAC) in Strasbourg. Doch auch Direktor Jean-Luc Bredel hielt es nicht für nötig, persönlich Stellung zu den Taennchel-Statuetten zu beziehen. Stattdessen liess er über seine Mitarbeiterin Catherine Marco ausrichten, dass ich mich in dieser Angelegenheit direkt an das Museum Unterlinden wenden solle. Gepriesen sei die französische Bürokratie!

Für weitere Informationen, so merkte Catherine Marco immerhin an, sei der regionale archäologische Konservator beim DRAC, Frédérik Letterlé, in Strasbourg zuständig. Eine Kopie meines Schreibens wurde direkt an ihn weitergeleitet. Und o Wunder: Wenige Tage später setzte sich Letterlé mit mir in Verbindung. Mehrere Expertisen über die Statuetten seien bereits angefertigt worden, versicherte er. »Alle kamen zum Schluss, dass es sich um neuzeitliche Objekt handeln dürfte.«

Viel schlauer war ich nach dieser Pauschalantwort nicht. Umso mehr als sie mehrheitlich beinhaltete, was Bredel bereits im Juli 2001 festgehalten hatte. Die Fragezeichen blieben: In welchen Fachjournalen wurden die Untersuchungen publiziert? Seit wann kann das Alter von Steinen derart genau festgehalten werden? Und wer, bitte schön, soll die Statuetten in den letzten hundert Jahren in aller Stille gefälscht und anschließend heimlich auf dem Taennchel verbuddelt haben?

»Die Untersuchungen wurden bislang nicht veröffentlicht«, räumte Letterlé am 12. August 2002 ein. Eine sei

3 Okkultisten auf dem Taennchel?

Abb. 25: Dank einer Spezialerlaubnis durfte der Autor die Objekte persönlich in Augenschein nehmen.

I Mysteriöse Entdeckungen

Abb. 26: Blick auf die Kellerregale im Museum: Die Statuetten werden ziemlich lieblos gelagert.

beispielsweise von der Justiz eingefordert worden. Eine zweite wurde dem Conseil National de la Recherche Archéologique in Paris in Auftrag gegeben. Die Berichte könnten derzeit nur bei den betreffenden Institutionen eingesehen werden – und dies ausschließlich mit spezieller Genehmigung.

»Ist es nicht so, dass Steine grundsätzlich gar nicht datiert werden können?«, wandte ich verdutzt ein. Das sei in der Tat so, gestand Letterlé. Es gebe keinerlei Möglichkeit, herauszufinden, wann die Statuetten ihre definitive Form erhalten hätten. »Wir können nur das geologische Alter der benutzten Steintypen ermitteln«, wand er sich. Da eine der Statuetten offenbar aus einem Grenzstein gemeißelt wurde, sei zumindest deren Alter nachweislich neueren Datums.

Kaum eine archäologisch umstrittene Sammlung, die nicht mindestens ein fragwürdiges Stück enthält, fuhr es mir durch den Kopf. Immer wieder hatte es private Entdecker ungewöhnlicher Relikte in den Fingern gejuckt, die eine oder andere Kopie anzufertigen. Sei es, weil sie merkten, dass ihnen die Stücke unter der Hand zu ansehnlichen Preisen abgehandelt wurden. Sei es, weil sie sich der Bedeutung ihrer Entdeckung nicht sicher waren und selbst prüfen wollten, ob sich die kuriosen Objekte in der dargestellten Form kopieren ließen. Oder sei es – wie ich in diesem Fall vermute –, um vom illegalen Tun abzulenken, als man ihnen auf die Schliche kam.

Nur weil ein Exemplar einer Sammlung aus moderner Zeit stammt, heißt das noch lange nicht, dass die anderen wertlos sind. Das lehrte mich meine jahrelange Erfahrung mit kontroversen Fundstücken. Dennoch schienen die Statuetten vom Taennchel die Archäologen zu verwirren. Und ich ahnte auch warum: Schließlich zeigen einige der Objekte pyramidenförmige Berge samt seltsamen Wolken, die sich aus heutiger Sicht mühelos als »fliegende Untertassen« interpretieren lassen.

Meine Vermutung entpuppte sich als Volltreffer, wie mir Letterlé später bestätigte. »Solche Darstellungen erschienen erst mit der Welt der Außerirdischen in den 30er Jahren«, begründete er seine Skepsis. »Soviel ich weiß, gibt es keine früheren künstlerischen Darstellungen derartiger Erscheinungen. All dies deutet darauf hin, dass die Stücke vermutlich zwischen 1930 und 1950 hergestellt wurden.«

Tja, so einfach ist das. Und deshalb können die Objekte aus Sicht der konventionellen Wissenschaft ab sofort frohgemut vergessen werden. Kein Wort darüber, dass sich Darstellungen himmlischer oder göttlicher Flugkörper quer durch alle Kunstwerke unserer Vorfahren ziehen – von der Steinzeit bis ins Mittelalter. Kein Wort darüber, dass es sich bei den »Untertassen« vom Taennchel durchaus auch um stilisierte Wolken handeln könnte. Ich sah davon ab, den Franzosen weiter zu behelligen. Ebenso gut könnte man einem Gnu wohl das Internet erklären, dachte ich mir. Die Chancen, dass es uns eines Tages ein E-Mail schickt, stehen denkbar schlecht ...

Wie aus heiterem Himmel meldete sich kurz darauf endlich das Museum Unterlinden. Und Suzanne Plouin, die zuständige Archäologin, verhielt sich durchaus hilfsbereit. Im Gegensatz zu Letterlé gab sie sich interessanterweise weitaus vorsichtiger, was die Klassifizierung der Kleinode anging. Plouin: »Die Statuetten befinden sich vorläufig in unseren Archiven, weil ihr rechtlicher Status noch nicht geklärt ist. Sie wurden von zahlreichen Experten untersucht. Ihre historische Relevanz ist im Moment noch umstritten.«

Ende Oktober 2002 dann die Überraschung: Nach einem längeren Briefwechsel erlaubte mir Suzanne Plou-

Abb. 27: Auch dieser »Kopf« stammt vom Taennchel – und verrottet heute im Museumsarchiv.

in, die Stücke im Museum Unterlinden in Colmar persönlich in Augenschein zu nehmen. »Folgen Sie mir einfach«, begrüßte mich die sympathische ältere Dame nach meiner Ankunft – und führte mich ohne größere Umschweife in die Kellerarchive des Museums. Dorthin, wo alles lagert, was Besucher offiziell nicht zu sehen bekommen.

Neugierig folgte ich ihr in die Tiefen des ehemaligen Klostergebäudes. Umgeben von Heizungsrohren und Spinnweben erreichten wir schließlich eine verschlossene Tür. Plouin entriegelte die Pforte. Modrige Luft strömte uns entgegen. Und da lagen sie: zehn mysteriöse Statuetten. Umgeben von antiken Fragmenten aller Art. Lieblos auf Holzregalen verstaut. Über und über mit Staub bedeckt. Manche von ihnen etwas größer als eine Faust. Andere so groß, dass sie sich mit zwei Händen kaum hochheben ließen.

»Wie gesagt, ihr Ursprung ist zweifelhaft«, murmelte Suzanne Plouin und zuckte mit den Achseln, während ich die Stücke von allen Seiten fotografierte. »Wir lagern sie hier seit einigen Jahren auf Geheiß der Gendarmerie. Eigentlich sind sie ja durchaus ästhetisch. Und die untertassenförmigen Wolken …« Die Dame lächelte etwas unsicher und senkte den Blick.

Fasziniert betrachtete ich die merkwürdigen Darstellungen, die mehrheitlich auf der Hinterseite der Gebilde eingraviert waren. Neuzeitlich sahen sie nicht gerade aus. Außerdem hatte ich das Gefühl, dass ich Objekte in der Hand hielt, denen in früheren Zeiten besondere Bedeutung zugemessen wurde. Zeugen einer Epoche, in der Mensch und Natur noch im Einklang miteinander lebten.

Durchaus möglich, dass die Statuetten weitaus relevanter sind als viele Archäologen glauben. Das vermutet neben Marc Schultz jedenfalls auch der französische Forscher Guy Trendel. Ebenfalls zur Pro-Fraktion zählt der Reutlinger Fritz Krauss, der als Hobbyforscher und Vorzeitexperte in lokalen Fachkreisen längst kein Unbekannter mehr ist. Wie er mir versicherte, geht er dabei weitgehend mit Marc Schultz einig. Krauss: »Selbst wenn es Fälschungen wären, sind sie wunderbar gemacht. Ihrem Aussehen nach können die Statuetten aber eigentlich nur alt sein. Womöglich sind sie sogar altgermanisch – also über 2000 Jahre alt.«

Wozu sie dienten? Wen sie darstellen? Was die geheimnisvollen Zeichen bedeuten? Niemand weiß es. Nur der Taennchel kennt ihr Geheimnis.

4 »Soldaten-Steine« im Schuhkarton

Fundstücke aus Weißenhorn verwirren
Schriftexperten

Es war ein ungewöhnliches Geschenk, das der kleine Junge Mitte der 80er Jahre zur Erstkommunion überreicht bekam: In eine Schuhschachtel verpackt, drückten ihm seine Eltern neun merkwürdige Specksteine in die Hand. Seltsame Figuren blickten ihn darauf an. Geheimnisvolle Schriftzeichen ließen seine Augen leuchten. Schließlich wollte er schon immer Archäologe werden. Nun hielt er seinen ersten »Schatz« in den Händen. Stolz präsentierte er ihn den Altersgenossen in seinem Kinderzimmer.

Der kleine Junge ist mittlerweile erwachsen. Er heißt Wolfgang Keck und studiert in Bayreuth Philosophie und Wirtschaft. Daneben jobbt er im PR-Bereich. Die Täfelchen faszinieren ihn noch heute. Fachleute konnten ihre Schriftzüge bisher keinem bekannten Alphabet zuordnen. Und so finden sich in wissenschaftlichen Publikationen bislang auch keine Spuren von ihnen.

»Bekannte meiner Eltern haben sich damals in Weißenhorn ein Haus gebaut«, erzählte mir Wolfgang Keck. »Um ihre Hofeinfahrt auszulegen, bestellten sie eine Ladung Steine. Als diese geliefert wurden, fanden sich darin die seltsamen Tafeln. Niemand wusste so recht, worum es sich handelte. Also schenkte man sie mir.«

Das Städtchen Weißenhorn liegt zwischen Ulm und Memmingen. Woher die Steine tatsächlich stammen, weiß auch Keck nicht. Dennoch landeten die Fundstücke von 1986 bis 1999 vorübergehend in der archäologischen Sammlung seiner schwäbischen Heimatstadt. »Auslöser dafür war ein Nachbarjunge«, erinnert sich Keck. »Ein

I   Mysteriöse Entdeckungen

Abb. 28: Kaum zu glauben: Die Täfelchen lagerten jahrelang in einer alten Kartonschachtel.

4 »Soldaten-Steine« im Schuhkarton

Abb. 29: Geheimnisvolle Schriftzüge zieren die Specksteine. Wer kann sie entziffern?

Archäologe würde seine Schulklasse besuchen, erzählte er mir voller Stolz. Jeder Schüler könne irgendwelche Gegenstände mitbringen und von ihm datieren lassen.«

Keck ließ sich nicht lange bitten und händigte dem Kollegen leihweise eines seiner Kleinode aus. »Wenige Tage später ging ich mit meiner Oma spazieren«, berichtet er weiter. Zu seinem Erstaunen traf er dabei den Nachbarsjungen samt dem Archäologen, der mit irgendwelchen

I *Mysteriöse Entdeckungen*

Abb. 30: Die Täfelchen kamen in einer Ladung Baumaterial zum Vorschein.

Gerätschaften am Waldrand herumhantierte. »Mein junger Kollege hatte ihm doch tatsächlich mit geschwellter Brust verkündet, dass er den Stein am Waldrand entdeckt hätte«, schmunzelt Keck.

Die Sache wurde richtig gestellt. Zielstrebig machte sich der Mann zu Kecks Eltern auf, um die Spur der seltsamen Steine weiterzuverfolgen. Der ältere Herr entpuppte sich

4 »Soldaten-Steine« im Schuhkarton

Abb. 31: *Insgesamt neun der Fundstücke befinden sich bis heute in Privatbesitz.*

als Hans Burkhart, der Gründer der »Archäologischen Sammlung der Stadt Weißenhorn«. Er überredete die Familie, die Fundstücke der Sammlung leihweise zu überlassen, damit sie jedermann in Augenschein nehmen konnte.

»Eigentlich gehörten sie dort ja nicht hin«, meint Keck. »Schließlich stammen sie vermutlich gar nicht aus Weißenhorn.« Doch Hans Burkhart war entschlossen, mehr

I Mysteriöse Entdeckungen

über die Kostbarkeiten aus dem Schuhkarton in Erfahrung zu bringen. Er händigte sie vorübergehend der Bayerischen Akademie der Wissenschaft zur Begutachtung aus. Das Resultat warf mehr Fragen auf als es Antworten lieferte.

So hielt Dr. Ludwig Pauli im Auftrag der Kommission zur Archäologischen Erforschung des spätrömischen Raetien am 18. August 1987 fest, dass die Anfrage betreffs der »neun gespaltenen Kieselsteine« mit bildlicher Darstellung und Schriftzeichen »hier im Haus mehrere Stationen durchlaufen hat, und zum Schluss blieb es an mir hängen, Sie davon zu unterrichten, dass niemand das Rätsel dieser Steine lösen kann. Auch die Schriftzeichen sind in ihrer Zusammensetzung keinem bekannten Alphabet zuzuweisen. Wir bedauern sehr, die Stadt Weißenhorn mit diesem Rätsel allein lassen zu müssen.«

Fast wie in Glozel, schoss es mir durch den Kopf. Auch dort versagt unser Schulwissen: 3000 Fundstücke aus der Vergangenheit kamen im französischen Weiler zwischen 1924 und 1930 ans Tageslicht – viele von ihnen mit eigenartigen Schriftzeichen verziert. Darunter Tontafeln, geheimnisvolle Skulpturen, Vasen, Steine, aber auch bearbeitete Knochen. Wissenschaftler datieren einige von ihnen auf 15 000 bis 17 000 v. Chr., eine prähistorische Epoche, in der es nach gängiger Auffassung eigentlich noch gar keine Schriftzeichen gegeben haben dürfte.

Zu Tage gefördert wurden sie vom französischen Bauer Emile Fradin. Beim Umpflügen seines Ackers, südöstlich von Vichy, purzelten die antiken Überreste damals nur so aus der Erde. Bald reisten Professoren und Fachleute aus aller Welt an, um die eigenartigen Inschriften zu begutachten. Doch zur großen Enttäuschung Fradins konnte sich niemand daran erinnern, jemals etwas Ähnliches ge-

4   »Soldaten-Steine« im Schuhkarton

Abb. 32: »Niemand kann das Rätsel der Steine lösen«, befanden Experten aus München.

I Mysteriöse Entdeckungen

Abb. 33: Handelt es sich um Grabsteine, wie sie für Soldaten im Mittelmeerraum üblich waren?

sehen zu haben. Stattdessen wurde der ehrenwerte Franzose der Fälschung bezichtigt.

Obwohl 1974 eine Altersbestimmung mit der Thermolumineszenz-Methode die historische Authentizität der

Tontafeln bestätigte, harrt die Fundstätte von Glozel bis heute einer sauber durchgeführten archäologischen Grabung. Noch immer befinden sich die außergewöhnlichen Stücke im kleinen, improvisierten Museum von Glozel, wo sie von der Fachwelt ob ihrer Schriftzeichen – wenn überhaupt – skeptisch zur Kenntnis genommen werden.

Doch zurück zu Wolfgang Keck: Hans Burkhart verstarb 1995. Und so entschloss sich der Bayreuther Student, die Fundstücke wieder nach Hause zu holen, ehe sie in Weißenhorn in Vergessenheit gerieten. Der Einzige, der sich bis heute mit ihnen auseinander setzt, ist der Augenarzt Hans-Walter Roth, Leiter des Instituts für wissenschaftliche Kontaktoptik in Ulm sowie Professor für antike Augenheilkunde in den USA.

»Herr Roth ist durch seinen ungewöhnlichen Lehrstuhl in Archäologenkreisen international gefragt und seit über zehn Jahren mit Fachleuten weltweit an der Auflösung des Rätsels meiner Steine engagiert«, freut sich Keck. »In einem Telefonat erläuterte er mir seine Ansicht, dass es sich bei meinen Steinen um Grabtäfelchen handelte. Die Inschriften der Stücke sind nach Meinung von Herrn Roth Namen von Kriegern.«

Der Ulmer Augenarzt konnte mir dies bestätigen. Hans Burkhart habe ihn 1995 kontaktiert, berichtete er mir. »Er orientierte mich darüber, dass in seinem Museum einige Steine liegen würden, deren Sinn, Herkunft und Inschrift bislang nicht geklärt seien. Er halte die Sprache für Abessinisch.«

Die erste Auswertung der Schriftzeichen durch Roth ergab keinerlei Zusammenhang mit einer bislang bekannten Sprache. Nahezu alle Zeichen gab es zwar im Bereich des gesamten Mittelmeerraums, keine einzige Sprache kannte allerdings deren Kombination. »Ich selbst hielt sie am ehesten für Frühgublitisch, da hier die höchste Annäherung bestand«, erklärt Roth. »Allerdings gibt es auch ähnliche Zeichenkombinationen im frühen Etruskisch.«

Roth kontaktierte deswegen zahlreiche ihm bekannte Institute, in Gießen, Frankfurt und München. Keiner der dortigen Spezialisten konnte das Rätsel der Schrift auf den Steinen lösen. »Auch in den von mir besuchten archäologischen Museen von Athen, Rom und London fanden sich hierzu keine Gegenstücke.«

Folgendes aber könne als kleinster gemeinsamer Nenner aller kontaktierten Spezialisten festgestellt werden: »Die oft gestellte Frage, ob es sich um eine Darstellung von Göttern handle, lässt sich durch die einheitlichen primitiven und jeweils gleich aussehenden Personen verneinen.«

Bei den Täfelchen handle es sich allem Anschein nach um kleine Grabsteine, wie sie für Soldaten im Mittelmeerraum zwischen Italien und dem Roten Meer in der Zeit um 2000 v. Chr. üblich waren. Die Buchstaben sind laut Roth die Namen der Kämpfer. Dies lasse sich aus der Grammatisierung der Buchstabenfolge leicht beweisen. »Die Namen werden wir lesen können, sobald der genaue Fundort der Täfelchen feststeht und dann phonetische und schriftmäßige Vergleiche mit anderen lokalen Funden möglich sind«, ist er überzeugt.

Ein schwieriges, aber durchaus lohnenswertes Unterfangen, wie auch Wolfgang Keck meint. Und so hofft er weiterhin, dass die Fachleute seine Steine irgendwann doch noch zum Sprechen bringen und ihr Geheimnis endlich lüften.

5 Durchbruch in Acambaro

Neues Museum präsentiert 4000 Jahre alte Dino-Figuren

Das kurioseste Museum der Welt wurde am 28. Februar 2002 feierlich eröffnet. Es steht im Städtchen Acambaro, nordwestlich von Mexico-City, und zeigt 200 altamerikanische Keramikobjekte. Darunter, man höre und staune, auch rund 50 Dinosaurierskulpturen. Tausende weitere Figuren lagern derzeit noch im Keller. Sobald alle geplanten Gebäudeteile fertig gestellt sind, sollen auch sie Stück für Stück ausgestellt werden.

Das »Museo Waldemar Julsrud« lässt sich mit nichts auf dieser Welt vergleichen. Es zeigt, was niemand glauben mag. Und jedermann wissen sollte. Denn die ausgestellten

Abb. 34: Foto mit Seltenheitswert: Der deutsche Kaufmann Waldemar Julsrud und seine Frau.

I   Mysteriöse Entdeckungen

Abb. 35: Wurde anfangs 2002 feierlich eröffnet: Das Julsrud-Museum in Acambaro.

Figuren sind nachweislich Tausende von Jahren alt – und entstanden somit zu einer Zeit, als die Menschheit von Dinosauriern noch gar nichts wissen konnte. Oder etwa doch?

Die Eröffnung der vom Amerikaner Don Patton initiierten und von Daniel Reynaert Lepere verwalteten Ausstellungsräume bildet das überraschende Happyend eines Dramas, das 1944 seinen Anfang nahm: Während in seinem Heimatland der Krieg tobte, stolperte der ausgewanderte deutsche Kaufmann Waldemar Julsrud bei einem Ausritt in Acambaro über einige Keramikfragmente, die der Regen aus der Erde gewaschen hatte. Da ihn Kunstgegenstände seit jeher faszinierten, bat Julsrud seinen Aufseher Odilon Tinajero, die Fundstelle für ihn zu inspizieren.

5 Durchbruch in Acambaro

Abb. 36: Blick ins Museumsinnere: Über 200 der Keramikobjekte sind mittlerweile ausgestellt.

Tinajero machte sich mit seinen Männern sogleich an die Arbeit. Gegen 33 500 Figuren ließ er zwischen 1944 und 1952 im südwestlichen Teil der Stadt von den Einheimischen ausbuddeln, um sie Julsrud gegen ein bescheidenes Entgelt auszuhändigen. Der Kaufmann staunte nicht schlecht, als er die Skulpturen einem genaueren Augenschein unterzog: Neben allerlei menschlichen Figuren unterschiedlichster Rasse, wie etwa Europäer oder Eskimos, tummelten sich darunter auch monsterähnliche Kreaturen, die ihn verdächtig an Dinosaurier erinnerten.

Schon bald wurden auch einige Archäologen auf die seltsamen Figuren aufmerksam. Doch als sie die Keramikstücke zu Gesicht bekamen, verdüsterten sich ihre Mienen: Dinosauriermotive? Menschen, die auf Dinosauriern

I   Mysteriöse Entdeckungen

Abb. 37: Dinosaurierfigur: Tausende weitere Objekte lagern noch im Museumskeller.

5 Durchbruch in Acambaro

Abb. 38: Insgesamt 33 000 Figuren aller Art konnten im Laufe der Jahre zu Tage gefördert werden.

I Mysteriöse Entdeckungen

ritten? Babysaurier, die von Frauen gefüttert wurden? Das konnte nicht sein! Schließlich war allgemein bekannt, dass die Urzeitgiganten längst ausgestorben waren, als unsere Vorfahren sich auf der Erde zu tummeln begannen. Verärgert sahen die gelehrten Herren von weiteren Untersuchungen ab.

1954 entsandte das Instituto Nacional de Antropologia e Historia doch noch vier Vertreter an den umstrittenen Fundort. Angeführt wurde das mexikanische Expertenteam von Dr. Eduardo Noguera. Alles sei während den Ausgrabungen mit rechten Dingen zugegangen, hielten die Archäologen in einem internen Bericht fest. Offiziell aber äußerten auch sie sich kritisch. Die Schlussfolgerung, dass es zwischen Menschen und Dinosauriern womöglich eine bislang unbekannte Verbindung gab, erschien ihnen zu gewagt.

Anders Professor Charles H. Hapgood von der University of New Hampshire. Sein Leben lang widmete sich

Abb. 39: Eine weitere Dinosaurierfigur: Wissenschaftler beziffern ihr Alter auf sagenhafte 4000 Jahre!

5 Durchbruch in Acambaro

der mittlerweile verstorbene amerikanische Anthropologe den seltsamen Figuren. Mehrmals versuchte Hapgood, dem Rätsel vor Ort auf den Grund zu gehen, denn er war überzeugt, dass mehr hinter der Sache steckte, als ihm seine Kollegen weismachen wollten.

»Julsruds Interesse war ausschließlich wissenschaftlich«, konstatierte Hapgood. »Er versuchte nie, seinen Fund in irgendeiner Art und Weise zu kommerzialisieren und verkaufte deshalb nie eines der Stücke, außer zu Ausstellungszwecken. Er versuchte wirklich intensiv, versierte Archäologen zu überzeugen, seine Sammlung zu begutachten und selbst Ausgrabungen durchzuführen.«

Unterstützt wurde der Professor bei seinen Nachforschungen vom lokalen Polizeichef in Acambaro. Freimütig erlaubte ihm dieser, überall Grabungen anzustellen, wo er es für nötig hielt. Hapgood ließ sich nicht zweimal bitten. An den unmöglichsten Orten buddelten seine Arbei-

Abb. 40: Woher wussten die Künstler vor Jahrtausenden, wie sie ihre Skulpturen gestalten sollten?

ter 1955 nach weiteren Figuren – und wurden immer wieder fündig.

Selbst den Fußboden im Haus des Polizeichefs verschonte Hapgood nicht. Und auch dort kamen im Laufe der Arbeiten weitere Figuren zum Vorschein. Ein klares Indiz für die Echtheit der Skulpturen. Immerhin war das fragliche Haus bereits 25 Jahre zuvor errichtet worden.

1968 erhielt der Professor Teile einer Julsrud-Figur, die organisches Material enthielt. Material, das während des Herstellungsprozesses eingeschlossen worden war. Hapgood leitete Proben davon zur C-14-Datierung an die Teledyne Isotopes Laboratories in Westwood (New Jersey) weiter. Die dortigen Fachleute wiesen dem Material ein Alter von rund 6500 Jahren zu.

Zu den wenigen, welche die komplette Julsrud-Sammlung persönlich in Augenschein nehmen durften, gehört »Perry Mason«-Autor Erle Stanley Gardner. In der Zeitschrift »Desert Magazine« beschrieb der Hapgood-Intimus im Oktober 1969 seine Eindrücke, als ihn Julsruds Sohn Carlos erstmals durch das Haus seines verstorbenen Vaters führte. »Nichts, was ich bis dahin über die Sammlung gehört hatte, konnte mich auf den Anblick vorbereiten, der sich mir hier bot: Alle vierzehn Räume des Hauses waren voll gestopft mit Figuren. Figuren unterschiedlichster Stilrichtungen. Einige darunter hätten mühelos einem Albtraum entstammen können: Da waren Tiere mit großen Klauen und hervorstehenden Zähnen. Auf einigen Darstellungen griffen sie menschliche Wesen an, auf anderen fraßen sie diese sogar auf.«

Wenige Jahre später widmete sich auch die amerikanische Zeitschrift »INFO« dem Acambaro-Rätsel. Unter anderem publizierte sie 1973 einen Brief ihres Lesers William J. Finch. Aufgescheucht durch die kursierenden Gerüchte über Acambaro hatte Finch dem Ort 1972 einen

5 Durchbruch in Acambaro

Abb. 41: Bis vor kurzem wurden die Acambaro-Figuren noch unter Verschluss gehalten.

Besuch abgestattet. »Auf der Suche nach aktuellen Informationen über die kontroversen Figuren konnte ich in Erfahrung bringen, dass nach wie vor neue Exemplare auftauchen«, schrieb er. »Diese Information erhielt ich von Einheimischen. Sie wollten mir nichts verkaufen und baten mich auch nicht um Geld. Glaubwürdig versicherten sie mir, dass es sich tatsächlich um uralte Artefakte handle und nicht um Fälschungen. Dies, obwohl offenbar auch Kopien hergestellt worden sind, als zahlungskräftige Käufer anwesend waren.«

In ihrem Bericht erwähnten die »INFO«-Redakteure im Weiteren eine Thermolumineszenz-Datierung, die vom Museum Applied Science Center for Archaeology

I   Mysteriöse Entdeckungen

Abb. 42: Dinosaurierfiguren ohne Ende: Muss die Geschichte neu geschrieben werden?

(MASCA) der University of Pennsylvania vorgenommen worden war. Ergebnis: Die Fundstücke entstanden 2400 bis 2700 v. Chr.

Dazu Museumsdirektor Froelich Rainey: »Wir waren derart betroffen über das außerordentlich hohe Alter der Gegenstände, dass unser Mitarbeiter Mark Han bei jeder der vier untersuchten Proben rund 18 Messungen vornahm. Alles in allem steht unser Labor zu diesen Datierungen – welche Auswirkungen auch immer unsere Resultate auf die archäologischen Datierungen in Mexico haben mögen.«

Von der Echtheit der Acambaro-Figuren überzeugt ist auch John H. Tierney. Seit vielen Jahren versucht er, Licht in die Angelegenheit zu bringen. Ein beinahe aussichtsloses Unterfangen, wie Tierney feststellen musste: Kaum ein Archäologe, der nicht verärgert abwinkte, als man ihn um Auskünfte zur Acambaro-Problematik bat.

Drei Vertreter der Ohio State University erklärten sich schließlich dazu bereit, einige von Tierney zur Verfügung gestellte Keramikproben zu analysieren, ohne dass sie allerdings etwas von deren Herkunft wussten: Dr. J. O. Everhart, Dr. Earle R. Caley und Dr. Ernest G. Ehlers. Auch sie kamen zum Schluss, dass es sich bei den Objekten nicht um Fälschungen handelte, sie also nicht aus der Neuzeit stammten. »Als ich den drei Herren aber erklärte, dass wir es mit Julsrud-Objekten zu tun hatten, hörte ich bezeichnenderweise keinen Ton mehr von ihnen«, ärgert sich Tierney.

Tierney liegt noch ein weiteres Gutachten vor. Erstellt wurde es von den Geochrome Laboratories: »Der Abschlussbericht datiert vom 14. September 1995. Auch er bestätigt die Authentizität der Julsrud-Figuren. Die Wissenschaftler beziffern das Alter einer von ihnen untersuchten Materialprobe darin auf rund 4000 Jahre.«

Die Probe stammte von Neil Steede, einem amerikanischen Archäologen, der es laut Tierney darauf abgesehen hat, die Acambaro-Figuren öffentlich als Fälschungen zu diskreditieren. »Das Resultat dürfte ihn gehörig schockiert haben«, meint Tierney. »Soviel ich weiß, will Steede die Datierung insofern relativiert wissen, als der Test lediglich gezeigt habe, dass eine einzige der Acambaro-Figuren 4000 Jahre alt ist. Gegenüber Journalisten spekulierte er sogar, dass die Julsrud-Figuren in diesem Jahrhundert angefertigt worden sein könnten. Wissenschaftliche Belege für seine Behauptung kann er freilich keine vorlegen.«

Vorwürfe, die Neil Steede nicht auf sich sitzen lassen wollte. In einer längeren Stellungnahme holte er Ende

1997 im amerikanischen Magazin »World Explorer« zum Gegenangriff aus. »Im Gegensatz zu Tierney gelang es mir, den aktuellen Aufenthaltsort der Sammlung in Acambaro innerhalb kürzester Zeit zu lokalisieren«, konterte er. »Ein einstündiges Gespräch genügte, um die Stadtverantwortlichen davon zu überzeugen, die staatliche Weisung zu ignorieren, wonach die Kollektion nicht mehr öffentlich gezeigt werden darf. Die Türen eines jahrelang verschlossenen Lagerhauses wurden geöffnet, und ich konnte die Kollektion zusammen mit meinen Mitarbeitern genauestens unter die Lupe nehmen.«

Nicht die Authentizität der Funde, sondern vielmehr deren Fundort habe er später in Frage gestellt, differenzierte Steede. »Obwohl wir die Gegend, in der die Figuren seinerzeit ausgegraben worden sein sollen, minutiös durchkämmten, fanden wir nicht die geringste Spur weiterer Fundstücke, geschweige denn irgendwelche Spuren der damaligen Grabungen.«

Tierney mag über derlei Aussagen nur den Kopf schütteln. Umso mehr, als Steedes Methoden offensichtlich alles andere als seriös sind: Waren die Julsrud-Figuren ursprünglich in Holzkisten verpackt, so wurden sie von Steedes Mitarbeitern nach einer kurzen Inspektion lieblos in Kartonschachteln verfrachtet. Einige von ihnen erlitten dabei erheblichen Schaden. Tierney: »Steede erklärte lapidar, dies sei doch vollkommen nebensächlich. Er habe den Stadtverantwortlichen sowieso empfohlen, die Stücke unter den Einwohnern zu verteilen, um sie Touristen als Souvenirs anzubieten. Glücklicherweise gingen die Behörden nicht auf seinen Vorschlag ein.«

1999 trat mit Don Patton schließlich eine weitere Schlüsselfigur in Erscheinung. Als gläubiger Christ zweifelt Patton seit langem am Bild der Evolution, wie es uns seit Charles Darwin vermittelt wird. Gemeinsam mit sei-

5 Durchbruch in Acambaro

Abb. 43: Auch seltsame Kreaturen aller Art tummeln sich in den Resten der Sammlung.

I Mysteriöse Entdeckungen

Abb. 44: Pferdedarstellungen finden sich in der Julsrud-Sammlung ebenfalls.

nem Gesinnungsgenossen Dennis Swift pilgerte er deshalb nach Acambaro, um sich ein persönliches Bild der Funde zu machen. Tagelang verhandelten die beiden mit dem örtlichen Tourismusdirektor. Dann durften sie sich – ebenso wie zuvor Steede – in der verschlossenen Lagerhalle umsehen. Hunderte der Figuren nahmen sie unter Polizeibewachung in Augenschein.

Schnell hatte sich die Kunde von den Ankömmlingen herumgesprochen und so tauchten bald Journalisten und Fotografen auf. In großen Frontartikeln schrieben sie sich über die beiden Amerikaner die Finger wund. Pattons Aufforderung an die lokalen Behörden, die Sammlung endlich öffentlich zugänglich zu machen und touristisch zu vermarkten, geriet zum gefundenen Fressen für die Lo-

5 Durchbruch in Acambaro

Abb. 45: Der Berg El Toro: Hier wurden viele der kontroversen Figuren ausgegraben.

kalpaparazzi. Als Dennis Swift in einem Interview zudem beiläufig erwähnte, dass in der Lagerhalle gerade mal noch rund 6000 der ursprünglich über 30 000 Figuren lägen, war der Skandal perfekt ...

Im August desselben Jahres lernten Patton und Swift in einem örtlichen Restaurant zufällig Ernesto Narrvete Marines kennen. Als Polizeichef unterstand ihm in den 70er Jahren unter anderem auch das Gebiet von Acambaro. Noch gut konnte er sich an eine Episode aus dem Jahr 1978 erinnern. Damals habe er über Nacht einen heißen Tipp erhalten, wonach am Berg Chivo heimliche Grabungen stattfänden, erzählte er den beiden Forschern. Die entdeckten Objekte, so sei ihm mitgeteilt worden, würden unter der Hand gegen Waffen getauscht.

Marines zögerte nicht lange und startete eine professionell koordinierte Polizeiaktion. Mit Erfolg: Zwei Männer konnten verhaftet werden, die über 3300 Figuren gehamstert hatten. Darunter auch Dinosaurierskulpturen, ähnlich den Julsrud-Objekten. Der Clou der Geschichte: Während der Gerichtsverhandlung, in deren Verlauf die beiden Diebe zu massiven Haftstrafen verdonnert wurden, kamen natürlich auch die Figuren zur Sprache. Und siehe da: Das Gericht hielt sie trotz der Dinosauriermotive für authentisch. Die beschlagnahmten Fundstücke wurden in die offizielle Julsrud-Sammlung überführt.

Don Patton und Dennis Swift waren fasziniert. Aber auch alarmiert: »Wir glauben mittlerweile, dass auch verschiedene Vertreter der Stadt in illegalen Handel mit Julsrud-Fundstücken involviert waren«, berichtete mir Patton besorgt. »So wissen wir von Verkäufen an zahlreiche Einzelpersonen aus Japan, Spanien, den USA und Deutschland.«

Höchste Zeit, etwas zu unternehmen: Monatelang verhandelten die beiden in der Folge mit den lokalen Behörden, dem National Institute of Archaeology in Mexico-City, und schalteten sogar den amerikanischen Botschafter ein. Resultat ihrer Bemühungen: Nach gut fünfzig Jahren errichtete man den Julsrud-Figuren in Acamabro endlich ein eigenes Museum. Seit Februar 2002 sind viele der kuriosen Stücke damit für jedermann öffentlich zugänglich.

Wo die Augen nicht mehr zugedrückt werden können, droht die Ignoranz Einzug zu halten. Archäologen seien Anschrift und Öffnungszeiten des neuen »Ketzer-Tempels« deshalb besonders ans Herz gelegt: Museo Waldemar Julsrud, 5 de Febrero 180, 38600 Acambaro (GTO), Mexico. Öffnungszeiten: Montag bis Samstag, jeweils von 10 bis 14 Uhr und von 16 bis 18 Uhr.

II
Verlorenes Wissen

»Nur langsam lernen wir anzunehmen, dass bereits die alten Zivilisationen der Antike ein Wissen besaßen, welches wir eigentlich nur unserem eigenen technologischen Zeitalter zutrauen. Das Wissen der alten Völker war in den alten Großreichen elitär, war Priesterkasten und wenigen anderen Eingeweihten vorbehalten. Besonders geheimnisvoll wurde es, wenn es um die Ursprünge alles Seins ging: Exakte astronomische, medizinische, technologische, aber auch philosophische Kenntnisse wurden nur den Göttern zugeschrieben. Vieles von den Weisheiten ging verloren...«

(Sergius Golowin, Mythenforscher)

6 Superkleber aus der Steinzeit

Neandertaler fabrizierten Birkenpech –
doch keiner weiß, wie

Der Neandertaler ist nicht zu beneiden. Bis vor wenigen Jahrzehnten sprachen ihm unsere Wissenschaftler jegliche Intelligenz ab. Von Manieren ganz zu schweigen. Und so ist uns die armselige Kreatur aus unserer Schulzeit noch bestens in Erinnerung – als unzivilisierter, grunzender Rohling, der bis vor 30 000 Jahren keulenschwingend über die Erde trottete.

Mittlerweile beginnt man unsere Vorgänger zu rehabilitieren. So billigte man ihnen inzwischen zu, sprechen zu können. Mit Flöten sollen sie fröhlich musiziert haben. Und der Franzose Jean Clottes, Präsident des Internationalen Komitees für vorzeitliche Felsmalereien, geht sogar noch einen Schritt weiter: »Würde man die Neandertaler aus ihren Fellen pellen, in Anzüge stecken und ihnen Krawatten umbinden, fielen sie in einer belebten Einkaufsstraße kaum auf!«

Es ist wie verhext: Je besser wir den Neandertaler kennen lernen, desto ähnlicher wird er uns. Spinnt man die bisherige Indizienkette weiter, drohen uns seine einstigen Fähigkeiten eines Tages in ernsthafte Erklärungsnöte zu bringen. Neuestes Beispiel dafür bilden zwei dunkle, verhärtete Harzklumpen, die er uns hinterlassen hat. Gefunden wurden sie in den Überresten eines 70 000 bis 80 000 Jahre alten Lagerplatzes im deutschen Braunkohletagebau Königsaue im Elbe-Saale-Gebiet.

Die unscheinbaren Klümpchen dienten den Vorzeitmenschen einst als Klebstoff, um Steinklingen und Holzgriffe aneinander zu befestigen. 1963 wurden sie vom bekannten Geologen und Urgeschichtsforscher Dietrich Mania, Professor am Institut für Ur- und Frühgeschichte der Universität Jena, sichergestellt. Sie sind gerade mal einige Zentimeter lang. Aber sie bergen ein sensationelles Geheimnis, dessen Bedeutung erst kürzlich ans Tageslicht kam. Denn sie bestehen nicht aus Kieferharz, sondern aus dem Pech von Birkenrinden. Und das ist im Gegensatz zu ersterem Material ungleich schwerer zu gewinnen.

Die Fabrikation von Birkenpech erfordert beträchtliches technisches Können. Fertigkeiten, wie wir sie eigentlich nur von den modernen Menschen her kennen. Bislang ging man denn auch davon aus, dass die Birkenpechherstellung erst in den letzten 10 000 Jahren begann – als der Homo sapiens bereits auf Erden wandelte. Nun aber stellt der Fund von Königsaue alles auf den Kopf.

Gewinnen lässt sich Birkenpech in einem kontrollierten Verschwelungsprozess. Luftdicht abgeschlossen wird die Birkenrinde dabei erhitzt und auf eine Temperatur zwischen 340 und 400 Grad gebracht. Durch die Verschwelung entsteht Teer. Der wird anschließend ausgehärtet – fertig ist das Birkenpech. Was simpel tönt, bedarf in der Praxis erheblichen technischen Aufwands. Höchste Präzision ist dafür vonnöten. Andernfalls misslingt der Verschwelungsprozess, wie die Chemiker Johann Koller und Ursula Baumer vom Doerner-Institut der Pinakothek in München betonen, welche die Fundstücke eingehend analysierten.

»Versuche der Forscher, den Neandertaler-Klebestoff originalgetreu zu reproduzieren – ohne moderne technische Hilfsmittel wie Temperaturregler und luftdicht verschließbare Retorten – scheiterten nach Angaben Kollers kläglich«, schreibt dazu das deutsche Magazin »Stern«. »Über das in urgeschichtlicher Zeit angewandte Herstellungsverfahren – womöglich mit erhitzten Steinen in einer

6 Superkleber aus der Steinzeit

Abb. 46: Sensationelle 80 000 bis 100 000 Jahre alt: Die Birkenpechklümpchen von Königsaue.

abgedeckten Erdgrube – wird immer noch spekuliert.« In ihrer wissenschaftlichen Veröffentlichung »Untersuchung der mittelpaläolithischen ›Harzreste‹ von Königsaue« (»Praehistoria Thuringica«, Nr.8/2002) kommen die beiden Wissenschaftler deshalb zum Schluss, dass der Neandertaler »ein hohes Maß an technischen und manuellen Fertigkeiten besitzen musste, die vergleichbar mit denen des modernen Homo sapiens sind«. Eine Kampfansage an alle Erbsenzähler. Brillant in ihrer Logik. Brisant in ihrer Konsequenz.

Professor Dietrich Mania hält seinen Fund denn auch für den »weltweit wichtigsten Beweis für die geistigen und kulturellen Fähigkeiten des Vorzeitmenschen«, wie er mir nicht ohne Stolz versicherte. Getrübt wird seine Freude lediglich durch eine ohne sein Wissen in Auftrag gegebene C-14-Datierung. »Da bin ich schon deshalb dagegen, weil man Material, das nachweislich älter ist als die Reichweite dieser Datierungsmethode, nicht datieren darf.«

Durch glückliche Umstände seien an der Fundstelle 21 Klimaschwankungen ab der Zeit vor 125 000 Jahren bis heute säuberlich dokumentiert, betont der Geologe und Spezialist für Ur- und Frühgeschichte. »Somit kann ich hundertprozentig versichern, dass die beiden Pechklümpchen tatsächlich 80 000, wenn nicht sogar 100 000 Jahre alt sind!«

Doch damit nicht genug: Während unseres Gespräches zauberte der Professor noch eine zweite Überraschung aus dem Hut. Unter dem Titel »Chemie vor 200 000 Jahren« würden seine Kollegen vom Doerner-Institut der Öffentlichkeit bald über eine weitere brisante Entdeckung berichten können, tönte er an. »Die letzten Untersuchungen dazu laufen auf Hochtouren ...«

7 Geheimnis um »Kohleschädel«

Computertomographie wirft neue Fragen auf

Offiziell ist er nicht der Rede wert. Gäbe es einen Wettbewerb der bedeutendsten geschichtlichen Funde, käme bereits seine Nominierung einem mittleren Erdbeben gleich. Dass er es je in die teuren Hochglanzwerke unserer Geschichtsschreiber schaffen wird, wagen nicht einmal seine eifrigsten Fürsprecher zu träumen.

Aufbewahrt wird der kümmerliche Außenseiter in der Geologischen Sammlung der Technischen Universität Bergakademie Freiberg. Gerade mal ein halbes Dutzend deutscher Experten hat sich in den letzten 150 Jahren eher zufällig denn gezielt mit ihm herumgeschlagen. So richtig schlau aus ihm wurden bislang aber nur die wenigsten.

Wissenschaftlich erwähnt wurde der Kohlekopf erstmals 1842. »Über einen in Brauneisenstein und Bitumen umgewandelten Menschenschädel« lautete der Titel des Berichts im »Archiv für Mineralogie, Geognosie und Hüttenkunde«. Darin erfuhren Interessierte erstmals von der Untersuchung eines geheimnisvollen Fundstücks aus dem Nachlass des 1813 verstorbenen Freiberger Apothekers Löscher. Er hatte den scheinbar inkohlten Menschenschädel einst besessen.

Der deutsche Geologe Bernd Nozon hat den wissenschaftlichen Aufsatz über den »Kohleschädel« gründlich studiert. »Der Autor beschreibt das Material als braune, erdige, glanzlose und brennbare Substanz, welche leicht zu einem umbrabraunen erdigen Pulver zerrieben werden kann. Die Härte wird mit der Härte des weichen Minerals Talk verglichen. Das Gewicht des Schädels wird als sehr hoch (7 Pfund) angegeben. Eine Untersuchung mittels Lupe hatte keinerlei Anzeichen von Knochensubstanz erbracht. Bei einer Trockendestillation wurde kein Ammoniak freigesetzt, das auf Reste organischer Substanz hingewiesen hätte. Stattdessen konnten sauer reagierender Wasserdampf, brennbare Gase und Teer festgestellt werden. Diese Produkte sind typisch für Braunkohle.«

Weitere Untersuchungen erbrachten Ergebnisse, die denen von Braunkohle ähnlich waren. Nozon: »Eine quantitative Analyse zeigte, dass der Schädel circa zur Hälfte aus Braunkohle und zur anderen Hälfte aus Braun- und Magneteisenstein bestand.«

1923 nahm sich die Ethnographische Abteilung des Zwingermuseums in Dresden des Fundstücks an. »Eine Fälschung«, urteilten die Experten. Ihrer Meinung nach handelte es sich um einen »aus Braunkohle modellierten Schädel, dem Raseneisenstein und Magneteisenstein beigegeben ist«.

Auch der Geologe Gerhard Roselt hält den Kopf für ein »Kunstprodukt«, wie er 1988 in der »Zeitschrift für angewandte Geologie« darlegte: »Seine dunkle Farbe und rissige Struktur lassen auf keinerlei Knochensubstanz schließen. Lediglich da, wo der Schädel beschädigt ist, sieht es so aus, als ob sich die Masse scheinbar in der Dicke des Schädelknochens gelöst hat.«

Selbst bei den bibeltreuen amerikanischen Kreationisten, die Funde dieser Art gerne in ihre Indizienreihe gegen Darwins Evolutionstheorie einreihen, machte sich mittlerweile Ernüchterung breit. Eigentlich hätte die Angelegenheit damit ad acta gelegt werden können. Wäre da nicht ein neugieriger Journalist der Lokalzeitung »Freie Presse« gewesen.

Mit Frietjof Kaulen und Siegfried Pomplun konnte er 1998 zwei Röntgenärzte des Freiberger Krankenhauses

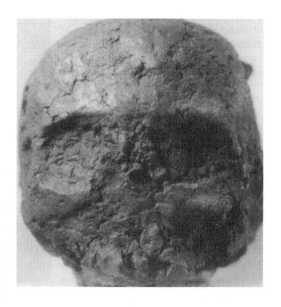

Abb. 47: Der »Kohleschädel«: Computertomographie-Aufnahmen sorgten für eine Überraschung.

für eine Computertomographie des Fundstücks begeistern. Und die beiden Experten staunten kurze Zeit später Bauklötze: Ihre Aufnahmen brachten eine jahresringartige Struktur des Schädels ans Licht!

Ein Faktum, das selbst Geologen die Stirn runzeln ließ. »Damit hätte ich nicht gerechnet«, räumte etwa Dr. Arndt Lehmann, Kustos der Geologischen Sammlung der Bergakademie Freiberg, freimütig ein. »Aus den zwei Schnitten der Computertomographie geht eindeutig hervor, dass die Kohlenmasse einen konzentrisch-schaligen Aufbau hat. Wie diese Struktur einst entstanden ist, kann ich im Moment nicht sagen.«

Auch für den Geologen Bernd Nozon bleiben damit zahlreiche Fragen offen: »Wie bereits im 19. Jahrhundert festgestellt, besteht der Schädel teilweise aus Braunkohle. Unter Berücksichtigung verschiedener Umstände kann der Fundort oder Entstehungsort des Schädels auf den böhmischen Raum konzentriert werden.«

Die Bildung von Braunkohle im Böhmischen Becken aber wird auf das obere Miozän, also die Zeit vor rund 15

Millionen Jahren datiert, wie Nozon festhält. »Nach heutiger Lehrmeinung kann davon ausgegangen werden, dass zu diesem Zeitpunkt Menschen unter keinen Umständen existierten.«

Die These von Gerhard Roselt, wonach es sich um ein »Kunstprodukt« handle, kann Nozon deshalb nicht bedingungslos teilen. »Er nimmt es als gegeben an, dass der Schädel unter Zuhilfenahme von Harzen, Kohle und mineralischer Gemengeteile von einem Unbekannten modelliert wurde. Das seiner Meinung nach verwendete Harz hatte einen Schmelzpunkt von 110 bis 360 Grad Celsius. Für mich stellt sich dabei allerdings folgende Frage: Wer macht sich – vor fast 200 Jahren! – die Mühe, eine circa 200 Grad Celsius heiße Masse Schicht für Schicht aufzutragen?«

Tatsächlich hätte der von Roselt propagierte »Fälscher« weitaus einfachere Methoden zur Verfügung gehabt, um sein Prachtexemplar »glaubwürdig« zu modellieren. Warum also soll er ausgerechnet die komplizierteste Methode gewählt haben?

Nähere Aufschlüsse über die wahre Natur des mysteriösen Schädels könnte wohl nur eine blitzsaubere Altersdatierung liefern. Die aber steht bisher aus. Denn was die professionelle und vor allem lückenlose Untersuchung kontroverser Fundstücke angeht, tun sich Wissenschaftler bekanntlich schwer.

Bleibt zu hoffen, dass das öffentliche Interesse am Freiberger »Kohleschädel« bis dahin anhält, damit er nicht in Vergessenheit gerät. Andernfalls wird er wohl eines Tages in irgendeinem Keller verschwinden, ohne dass er eingehend untersucht worden wäre. So wie es weltweit bereits mit Dutzenden anderen kontroversen Fundstücken geschehen ist.

8 Taschenrechner vor 20 000 Jahren

Afrikanischer »Zauberstab« verblüfft die Mathematiker

Eigentlich müssten wir bereits in der Schule von ihm erfahren haben. Unsere Mathematiklehrer hätten uns mit triumphierendem Blick davon berichten müssen. Und damit wohl die Neugier an einem Fach geweckt, dessen Faszination gewöhnlich den Klassenbesten vorbehalten bleibt.

Doch nichts dergleichen: Verschiedene deutschsprachige Mathematiker habe ich nach dem Ishango-Objekt befragt. Keiner wusste mir etwas Gescheites darüber zu erzählen. Man kann es ihnen nicht verübeln. Denn die Ursprungsquellen unserer Mathematik sind klar formuliert: Da sind einmal die mesopotamischen Kulturen, die vor allem von der Astronomie her zu mathematischen Überlegungen gekommen zu sein scheinen. Und da sind die Kulturen des Nillandes, da die alten Ägypter durch die jährlichen Nilüberschwemmungen zur Erdvermessung gezwungen waren. All dies trug sich ungefähr ab 3000 v. Chr. zu. So steht es in unseren Schulbüchern und Lexika.

Bereits mindestens 15 000 Jahre früher aber muss in Zentralafrika, an der Grenze zwischen dem ehemaligen Zaire und Uganda, ein einsames Genie gelebt haben. Ein Leonardo da Vinci seiner Zeit. Ein Zahlenjongleur allererster Güte. Wie ein Gott muss er seinen Mitmenschen vorgekommen sein. Sein Vermächtnis: eine kleine prähistorische Rechenmaschine, die unseren gescheitesten Köpfen heute das Staunen lehrt.

Gerade mal zehn Zentimeter lang ist der »Knochen von Ishango«, wie die Wissenschaft das kleine Wunderding nennt. Entdeckt hat ihn 1950 beim Lake Edward im ehemaligen belgischen Kongo der Archäologe Jean de Heinzelin de Braucourt. Der mysteriöse Rechenstab befindet sich heute im Museum des Institut Royal des Sciences Naturelles in Brüssel (Belgien).

Auf den ersten Blick mutet er ob seiner zahlreichen Einkerbungen, seiner leicht gekrümmten Form und seines Quarzsteines am oberen Ende eher wie eine Art Zauberstab an. Bald schon fiel de Heinzelin aber auf, dass die strichartigen Zeichen auf der Oberfläche Zahlen zu symbolisieren schienen. Nicht nur das: Je länger der belgische Archäologe die Strichgruppierungen miteinander verglich, desto klarer wurde ihm, dass er es hier mit komplexen Zahlenreihen zu tun hatte.

Eine davon beschäftigte sich offenbar mit der Zahl 10: Die Einkerbungen gruppierten sich stets nach dem Prinzip 20 + 1, 20 − 1, 10 + 1, 10 − 1. Eine zweite Reihe zeigte die Primzahlen zwischen 10 und 20. Und die dritte schließlich basierte auf der Multiplikation mit 2. Andere Fachleute entdeckten später noch weitere mathematische Spielereien.

Nachdem de Heinzelin seine Entdeckung 1962 in der Zeitschrift »Scientific American« veröffentlicht hatte, regte sich aber auch Widerstand: ein mathematisches Genie mitten in Zentralafrika? Und das vor rund 20 000 Jahren? Viele schüttelten im Laufe der folgenden Jahre fassungslos den Kopf. Unter ihnen auch der amerikanische Journalist Alexander Marshack. Im Gegensatz zu anderen aber bezweifelte er weniger die mathematische Botschaft als dessen Interpretation durch de Heinzelin. Seiner Meinung nach handelte es sich beim mysteriösen Rechenstab nämlich um einen Mondkalender, wie er 1972 schrieb.

Der Ingenieur Vladimir Pletser von der European Space Agency schließlich präsentierte 1999 einen dritten Lösungsvorschlag. Er zeigte auf, dass sich die dargestellten Zahlen jeweils in Kontext zur Zahl 12 stellen ließen. Wer von den dreien nun tatsächlich Recht hat, oder ob sie mit ihren Interpretationen möglicherweise gar alle ins Schwarze getroffen haben, werden weitere Forschungen zeigen müssen.

Wichtige Aufschlüsse darüber könnte ein zweites ähnliches Objekt aus Ishango liefern, dessen Existenz erst vor kurzem enthüllt wurde, wie mir der bekannte belgische Mathematiker Dirk Huylebrouck von der Universität in Gent verriet. Seit 1994 beschäftigt er sich intensiv mit dem Ishango-Knochen: »Als de Heinzelin 1998 im Sterben lag, schrieb er einen Entwurf für eine wissenschaftliche Veröffentlichung über das zweite Objekt. Seine Assistenten versprachen ihm, sich um eine Publikation zu kümmern.

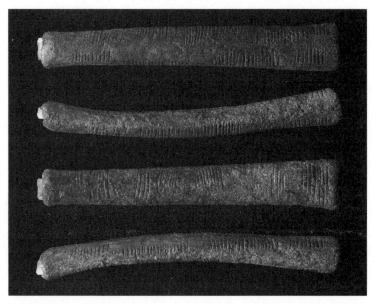

Abb. 48: Nach Jahrzehnten der Ignoranz endlich ausgestellt: der Knochen von Ishango.

Gleichzeitig nahm er sie ins Gebet, nichts über den Fund zu verraten, ehe sein Papier veröffentlicht würde.«

Die Abhandlung befindet sich mittlerweile im Besitz von Huylebrouck, der das zweite Objekt persönlich in Augenschein nehmen konnte. Eine entsprechende Publikation ist in Vorbereitung.

Derweil hat sich ein kleines Wunder ereignet: Nachdem man das kostbare Fundstück im 19. Stock des Brüsseler Museums während fünfzig Jahren in einer staubigen Schublade verrotten ließ, ist es Neugierigen seit 2001 endlich zugänglich. Auch dabei hatte Dirk Huylebrouck seine Finger im Spiel: Mit dem Filmemacher Georges Kamanayo, der Hilfe zweier engagierter Museumsmitarbeiter und der finanziellen Unterstützung durch den Brüsseler Premierminister gelang es ihm, dem kuriosen Rechenstab den öffentlichen Auftritt zu verschaffen, der ihm gebührt.

Warum aber zögerten die Verantwortlichen derart lange? »Vor 50 Jahren, aber auch noch viel später, konnte sich eben noch niemand vorstellen, dass Afrikaner vor so langer Zeit bereits Mathematik betrieben«, meint Huylebrouck schulterzuckend. »Außerdem gibt es bei uns starke rassistische Strömungen, die keine Freude am Ishango-Objekt haben.« Auch er selbst habe anfänglich übrigens Zweifel gehabt, räumt Huylebrouck freimütig ein. »Ich glaubte nicht, was ich sah, und hatte Bedenken. Je mehr ich mich aber in die Sache vertiefte, desto klarer wurde mir, womit ich es tatsächlich zu tun hatte.«

Inzwischen mussten denn auch die ärgsten Kritiker einsehen, dass ein einsames Genie in Afrika bereits vor 20 000 Jahren wie ein Weltmeister mit Zahlen jongliert haben musste: Wie der amerikanische Archäologe Allison Brooks nämlich 2001 öffentlich verkündete, ist die aktuelle Datierung des mathematischen Wunderdings mittlerweile hieb- und stichfest!

9 Zeitriss in Anau

Amerikaner entdeckt ein Siegel,
das es nicht geben dürfte

Manchmal beschleicht mich das unangenehme Gefühl, dass ein übermächtiges Wesen quer durch die Geschichte saust und munter durcheinander würfelt, was zeitlich zusammengehört – um sich dann köstlich zu amüsieren ob der Verwirrung, die es anstiftet. Doch übermächtige Wesen haben edlere Ansinnen. Humor ist nicht ihr Ding. Nicht einmal der Gott der Bibel hat je ein Lächeln über seine Lippen gebracht.

Bleibt das Durcheinander. Seit neuestem ist es um ein Kleinod reicher. Ein kleines unscheinbares Siegel. Sein Entdecker, Professor Fred Hiebert von der University of Pennsylvania (USA), gerät regelrecht ins Schwärmen, wenn er von seinem Fund erzählt. »Die Bedeutung dieses Steinsiegels ist unglaublich!«, sprudelt es aus ihm heraus.

Ausgegraben hat er das über 4000 Jahre alte, schwarze Ding mit seinem Team am 31. Mai 2000 in Aschchabat im heutigen Turkmenistan – in den Überresten eines uralten Gebäudes, wo einst die Stadt Anau lag. Ein rätselhaftes Steppenvolk lebte einst dort. Eine Kultur, die über hoch entwickelte Fähigkeiten verfügt haben musste. Dafür sprechen seltsame Schriftzeichen, die auf dem daumennagelgroßen Stempel eingekerbt sind.

Offenbar verfügte die damalige Kultur bereits über eine Schrift – eine wissenschaftliche Sensation. Die Sache aber hat einen Haken. Und der sorgt in der archäologischen Fachwelt für heillose Verwirrung. Die Gravuren auf dem schwarz schimmernden Siegel ähneln nämlich Schriftzeichen der chinesischen Han-Dynastie. Und die begann erst

II Verlorenes Wissen

Abb. 49: Die Gravuren ähneln Schriftzeichen der chinesischen Han-Dynastie.

im Jahr 200 v. Chr., wie der Linguist Qui Xigui von der Pekinger Universität betont, der die Siegelschrift intensiv studierte.

»Stellt sich die Frage, wie ein Steinsiegel mit Han-ähnlichen Symbolen 2000 Jahre vor seiner Zeit mehrere tausend Kilometer weiter westlich auftauchen kann«, bringt Journalist John Noble Wilford die Kontroverse auf den Punkt.

Selbst wenn man Vergleiche mit der ältesten überhaupt bekannten chinesischen Schrift anstellen würde, wäre die

9 Zeitriss in Anau

Abb. 50: Woher stammt das Siegel? Weitere Untersuchungen sollen Licht ins Dunkel bringen.

Existenz des Steinsiegels damit immer noch nicht erklärt. Schließlich entstand diese erst gut 1000 Jahre nach dessen Herstellung.

Und so klafft in der menschlichen Geschichte seit der Entdeckung des Siegels ein zeitliches Loch, das vorerst jeglicher vernünftigen Erklärung entbehrt. Für konventionelle Wissenschaftler ein Unding. Also wird spekuliert. Vielleicht stammte das Anau-Siegel ja tatsächlich aus China, wo es ein Reisender einst mitnahm und später in der Region verlor, in welcher es schlussendlich gefunden wurde. Seltsam nur, dass die Archäologen dort trotz jahrelanger Grabungen bislang kein einziges weiteres chinesisches Artefakt ausgruben.

Hieberts Universitätskollegin Holly Pittman vom Center for Ancient Studies in Pennsylvania glaubt nicht an diese »Erklärung«. Dafür formuliert sie andere Einwände. »Ich weiß nicht, ob wir es hier tatsächlich mit einer Schrift zu tun haben – im Sinne einer abgebildeten Sprache. Es könnte sich um ein Zeichensystem handeln, nicht um ein Schreibsystem. Ein Zeichen- oder Symbolsystem drückt zwar eine Art Nachricht aus, doch lässt sich darüber streiten, ob es mit einer gesprochenen Sprache derart gekoppelt ist, dass sie jedermann auf dieselbe Art lesen würde.«

Abb. 51: Blick in die Ausgrabungsstätten, wo das verblüffende Kleinod entdeckt wurde.

Dass ein Siegel allein wenig aussagekräftig ist, weiß auch Professor Hiebert. Und so hofft er, demnächst ähnliche Stücke ausgraben zu können. »Ursprünglich wollte ich bereits 2001 nach Anau zurück«, berichtete er mir. »Doch die politische Situation nach den Terroranschlägen vom 11. September war dafür mehr als ungünstig.« Nachdem ihm die National Geographic Society finanzielle Unterstützung versprach, soll es jetzt endlich weitergehen. Geplant sind zusätzliche Grabungen im südlichen Teil von Anau – dort wo man das Siegel entdeckt hatte.

»Das Projekt, das ich verfolge, konzentriert sich auf eine Untersuchung der langfristigen Besiedlung eines kleinen Tales bei Anau, an der Grenze zwischen Zentralasien

Abb. 52: Geleitet werden die Ausgrabungen vom amerikanischen Professor Fred Hiebert.

und dem Iran. Ich nehme die gesamte Besiedlungsspanne unter die Lupe, vom allerersten Dorf vor rund 6500 Jahren bis zum Ende der mittelalterlichen Stadt in der Zeit des 15. Jahrhunderts.«

Drei Grabungszonen hat Hiebert mittlerweile eingegrenzt. Diejenige im Norden ist die älteste. Sie datiert von 4500 bis 3000 v. Chr. Die südliche Zone umfasst den Abschnitt von 2500 bis 500 v. Chr. Und die östliche den Zeitraum von 500 v. Chr. bis 1500 n. Chr.

Letztere bildete einen wichtigen Handelsknoten an der Seidenstraße. Und sie interessiert Hiebert besonders, seit er im Sommer 2002 eine weitere interessante Entdeckung gemacht hat. »In der Bibliothèque Nationale von Paris stieß ich auf ein knapp 2000 Jahre altes griechisches Dokument von Isidor von Charax«, erzählte mir der Professor. »Darin wird der damalige Name der Seidenstraßenstadt bei Anau mit ›Gathar‹ wiedergegeben. Sie können sich vorstellen, wie aufgeregt ich war, als ich dieses Buch in den Händen hielt und den Namen der Örtlichkeit las, in der wir gegenwärtig arbeiten!«

Noch fehlen genauere Antworten. Hiebert jedenfalls – ermutigt von vielen seiner Kollegen – will seine Ausgrabungen fortsetzen. Dies in der Hoffnung, das Rätsel des merkwürdigen Steinsiegels vielleicht doch noch zu lösen. Dazu hat er auch allen Grund. Denn: Sollte es sich bei den mysteriösen Symbolen auf dem Siegel tatsächlich um Zeichen einer Schrift im klassischen Sinne handeln, müssten wir das Bild unserer Vergangenheit einmal mehr korrigieren, wie auch die Herausgeber der Universitätszeitschrift »Pennsylvania Gazette« betonen: »Schließlich ist die Kunst des Schreibens ein Schlüsselelement unserer Definition einer Zivilisation. Und niemand rechnete damit, in Zentralasien auf eine Zivilisation zu stoßen, die um 2300 v. Chr. derart hoch entwickelt war.«

10 Hightechlupen aus Byzanz

Augenoptiker analysieren phänomenale Kristall-Linsen

»Die Linse ist asphärisch gestaltet. Das ist ungewöhnlich, wenn man bedenkt, dass sie vor etwa 1000 Jahren hergestellt wurde. Zu dieser Zeit begannen die Wissenschaftler erst mit der Erforschung der Gesetze der Lichtbrechung.« Sätze wie diese sollte man sich als wissenschaftlicher Störenfried auf der Zunge zergehen lassen – ähnlich einem guten Rotwein, der bis zu seiner Vollendung jahrzehntelang reifen musste. Nachzulesen sind sie in einer Diplomarbeit von Olaf Schmidt und seinen Referenten Karl-Heinz Wilms und Professor Bernd Lingelbach von der deutschen Fachhochschule Aalen. Ihren Forschungen verdanken wir ein weiteres Mosaiksteinchen unserer Geschichte der »unmöglichen Verrücktheiten«.

Worum geht es? Ob als Minilupen, dünne Brillengläser oder perfekte Kameraobjektive: Moderne Linsen bestechen durch ausgefeilte elektronisch berechnete, komplex gewölbte Oberflächen. Sie sind »asphärisch« – wie Optiker zu sagen pflegen, weichen von der gleichförmigen, seit Jahrhunderten üblichen sphärischen Kugelkrümmung ab und erzeugen dadurch besonders scharfe Bilder. Doch o Wunder: Was heute als Highlight des Computerzeitalters gilt, gab es offenbar bereits in der Antike!

Wie so viele wissenschaftliche Abenteuer beginnt auch diese Geschichte eher belanglos: Im Hinblick auf eine geplante Optik-Ausstellung des Deutschen Museums in München stach Karl-Heinz Wilms im »Handbuch zur Geschichte der Optik« von Emil-Heinz Schmitz ein kurioses Objekt in die Augen: Eine bikonvexe Bergkristall-

II Verlorenes Wissen

Abb. 53: Erstaunliche Präzision: Die Linsen von Gotland bestechen durch ihre Einzigartigkeit.

Linse aus dem frühen Mittelalter war dort abgebildet. Sie stammte aus Wikingergräbern der schwedischen Insel Gotland.

»Wilms vermaß den Stein anhand der Abbildung und kam zu verblüffenden Ergebnissen«, berichtet Olaf Schmidt, Diplom-Ingenieur für Augenoptik. »Die ermittelten Daten ließen den Schluss zu, dass die Abbildungsqualität der Linse viel besser sein musste als die der uns bekannten sphärischen Lesesteine des Mittelalters.«

Doch es kam noch besser. Intensive Recherchen zeigten, dass es sich bei dem kontroversen Kleinod beileibe nicht um ein Einzelstück handelte. »Die Linse war Teil eines Schatzes, der in der Wikingerzeit (11./12. Jahrhun-

Abb. 54: Noch ist unklar, wie die Hightechlupen vor rund 1000 Jahren geschliffen wurden.

dert) niedergelegt wurde. Es gibt andere Funde auf Gotland, die ähnliche Linsen enthielten. Einige dieser Linsen sind in Gotlands Fornsal, dem historischen Museum in Visby, aufgestellt. Andere befinden sich in verschiedenen Museen, beispielsweise in Stockholm, oder sie sind verloren gegangen.«

Waren die optischen Eigenschaften der Kristallobjekte tatsächlich so außergewöhnlich wie vermutet? Und woher stammten die Linsen tatsächlich? Neugierig geworden brachen Olaf Schmidt und Karl-Heinz Wilms 1997 unter der Leitung von Professor Bernd Lingelbach vom Institut für Augenoptik Aalen zu einer Reise nach Gotland auf. In der Inselhauptstadt Visby nahmen sie die dort ausgestellten Objekte ausgiebig unter die Lupe. Modernste Messverfahren sollten Aufschluss über jedes kleinste Detail bringen.

Die Ergebnisse waren mehr als aufregend. Einige der Linsen schnitten im Test ab wie moderne Hightechprodukte. Schmidt: »Die Abbildungsqualität ist teilweise so gut, dass sich diese vor rund 1000 Jahren handgefertigten Linsen mit heutigen asphärischen Linsen, die mit Hilfe von CNC-Maschinen hergestellt werden, messen können. Die beeindruckende Qualität legt den Verdacht nahe, dass die Praktiker der Wissenschaft ein ganzes Stück voraus waren. Offenbar wurde bereits an der Verbesserung der Abbildungsqualität von Linsen gearbeitet, lange bevor Mathematiker in der Lage waren, die Eigenschaften brechender Flächen korrekt zu beschreiben.«

Wer aber waren diese geheimnisvollen »Praktiker«? Über ihre Herkunft kann vorläufig nur spekuliert werden. Schließlich wurde Bergkristall in der besagten Zeit beinahe überall verarbeitet. Möglich, dass ihn die Wikinger auf ihren ausgedehnten Handelsreisen erwarben, etwa in Byzanz.

Gefasste und ungefasste Objekte aus Bergkristall seien auf Gotland jedenfalls »ziemlich plötzlich gegen Ende des 11. Jahrhunderts aufgetaucht«, konstatierten die drei Forscher. »Ebenso plötzlich verschwanden sie wieder. Das legt den Verdacht nahe, dass alle Stücke dieser Art Gotland bei ein und derselben Gelegenheit erreichten. Zum Beispiel über einen Händler oder aber als Teil einer Kriegsbeute.«

Weitere Aufschlüsse erhoffte man sich von der Untersuchung der im »Handbuch zur Geschichte der Optik« von Schmitz abgebildeten Linse. Ausgerechnet diese aber galt damals als verschollen. Und so bleibt den Forschern nichts anderes übrig, als über Identität und Herkunft des

10 Hightechlupen aus Byzanz

Abb. 55: Professor Bernd Lingelbach (rechts) und Olaf Schmidt im Museum von Visby.

geheimnisvollen mittelalterlichen Linsenschleifers zu spekulieren. Umso mehr, als er nirgendwo auf der Welt Spuren zu hinterlassen haben scheint.

Olaf Schmidt, Karl-Heinz Wilms und Bernd Lingelbach mögen sich diesbezüglich allerdings nicht aufs Glatteis wagen. Mit der für Wissenschaftler üblichen Zurückhaltung und Vorsicht formulieren sie ihre Quintessenz ziemlich nüchtern: »Oberflächen, die so gute Abbildungseigenschaften aufweisen wie die in Visby ausgestellten Linsen, entstehen nicht aus Unwissenheit. Es scheint vielmehr so zu sein, dass dieses vorhandene, empirische Wissen etwa 500 Jahre lang verloren war, bis Descartes als Erster die ideal brechende Fläche berechnete, aber interessanterweise nicht das Werkzeug hatte, um eine Linse mit einer solchen asphärischen Fläche herzustellen.« Dies sollte bis ins letzte Jahrhundert so bleiben.

Für seine Arbeit wurde Olaf Schmidt 1998 mit dem deutschen Rupp+Hubrach-Preis für Augenoptik ausgezeichnet, wie auf der Internet-Homepage der Fachhochschule Aalen stolz vermerkt wird. Für Karl-Heinz Wilms, der die ganze Geschichte ins Rollen gebracht hatte, eine besondere Befriedigung: »Ich bin überzeugt, dass es in der Antike Kenntnisse gab, die verloren gegangen sind«, sagte er kurz vor der Preisverleihung, die er aufgrund eines alten Herzleidens nicht mehr miterleben durfte.

Wilms nahm an, dass in antiken Kunstgegenständen von Kirchen und Klöstern noch zahlreiche ähnliche optische Schätze schlummern. Und so bleibt ihm und uns eigentlich nur zu wünschen, dass Olaf Schmidts Aufsehen erregende Diplomarbeit irgendwann Nachahmer findet ...

11 Geheimnisvolle Winzlinge

Welches Genie durchbohrte die georgischen Zinnperlen?

Es ist immer wieder erstaunlich, wie unauffällig an und für sich kontroverse Fundstücke in Museen präsentiert werden. Kleine unleserliche Kärtchen weisen geradezu verschämt darauf hin, dass die Entstehung des fraglichen Exponats im Dunkeln liegt oder – wie es Ausstellungsmacher lieber formulieren – »noch unklar ist«. Die Munition wird entschärft, bevor sie hochgehen kann. Je weniger Platz für Spekulationen, desto besser. Denn Spekulationen öffnen Raum für Fantasie. Und die wird Wissenschaftlern bereits an der Universität erfolgreich ausgetrieben.

Eva Koch straft derartige Klischees Lügen. Fragezeichen bereiten ihre eine helle Freude. Und wenn es um »ihre« georgischen Zinnperlen geht, gerät die Pressesprecherin des Deutschen Bergbau-Museums in Bochum sogar regelrecht ins Schwärmen: »Die Dinger sind mit ihren 1 bis 1,5 Millimetern Durchmesser derart winzig, dass man sich ernsthaft fragt, wie die Leute es damals wohl geschafft haben, dort überhaupt ein Loch reinzubringen! Die Öffnungen sind so klein, dass lediglich ein hauchdünnes Haar hindurchpasst. Dabei ist es schon faszinierend genug, dass Perlen dieser Größe von den Archäologen überhaupt gefunden wurden.«

Kochs Euphorie ist verständlich: In Zusammenarbeit mit der Georgischen Akademie der Wissenschaften Tbilissi konnten im Bochumer Museum vom 28. Oktober 2001 bis zum 8. September 2002 rund 1000 archäologische Exponate aus Georgien erstmals der Öffentlichkeit prä-

II Verlorenes Wissen

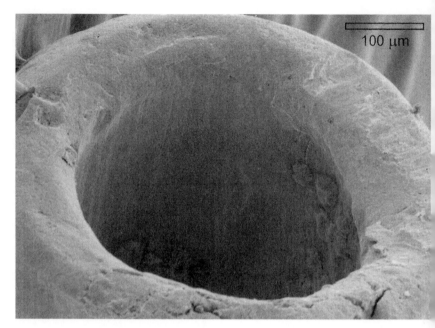

Abb. 56: Mikroskopaufnahmen beweisen: Die Miniaturperlen wurden künstlich durchbohrt.

sentiert werden. Drei Jahre Vorbereitungszeit waren der Ausstellung »Schätze aus dem Land des Goldenen Vlies« vorausgegangen. Dass es in diesem Fall um etwas ganz Besonderes ging, zeigten bereits die beiden prominenten Schirmherren der Veranstaltung: Eduard Schewardnaze, Staatspräsident von Georgien, und Johannes Rau, Bundespräsident von Deutschland.

Georgiens Vergangenheit ist eng mit der griechischen Sagenwelt verknüpft. Prometheus soll dort von Göttervater Zeus einst an einen Felsen gekettet worden sein. Und die Argonauten stöberten im alten Kolchis am Schwarzen Meer nach dem legendären Vlies – dem Fell eines goldenen Widders. Argwöhnisch bewacht von einem furchtein-

11 Geheimnisvolle Winzlinge

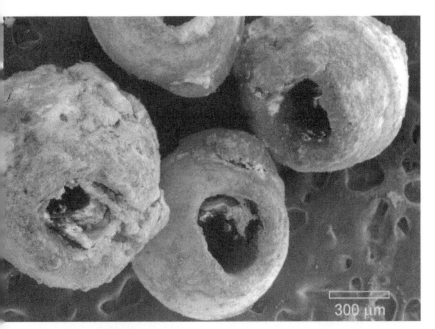

Abb. 57: Die Öffnungen sind so klein, dass lediglich ein hauchdünnes Haar hindurchpasst!

flößenden Drachen harrte es der Helden, wie uns die Überlieferung erzählt.

Zum ersten Mal überhaupt durften deutsche Wissenschaftler die Funde aus der damaligen Zeit nun zusammen mit ihren Kollegen vom archäologischen Zentrum der Akademie der Wissenschaften der Republik Georgien unter die Lupe nehmen. Speziell die Metallbeschaffenheit der Exponate wurde bis ins kleinste Detail analysiert. Der Bochumer Museumsdirektor Professor Rainer Slotta stolz: »Das ist eine Forschungsarbeit, die in dieser Form noch niemals geleistet wurde und die Forschung des gesamten Kaukasusgebietes und Vorderasiens auf eine neue Basis stellen wird.«

Bereits der Katalog der Ausstellung ist eine Augenweide für alle Freunde des Geheimnisvollen: Auf knapp 500 Hochglanzseiten führt er den Leser in ein sagenumwobenes Land voller kunstvoller Schmuckstücke, astrologischer Traktate, religiöser Fresken, uralter Sonnenscheiben, Prunkäxte und wundervoller Metallfiguren. Ein Exponat merkwürdiger als das andere.

Größtes Geheimnis der Ausstellung bildeten aber die 2500 mikroskopisch kleinen Zinnperlen aus dem Gräberfeld von Ergeta bei Sugdidi in der Kolchis (um 750–650 v. Chr.). Jede von ihnen wiegt durchschnittlich 3,5 Milligramm und besteht aus relativ reinem Zinn mit Verunreinigungen von Kupfer, Blei und Eisen. Löcher in ihrem Innern deuten darauf hin, dass sie einst zu ganzen Ketten aufgezogen worden sein mussten.

Licht- und rasterelektronenmikroskopische Untersuchungen in Bochum konnten horizontal verlaufende Riefen im Innern der Perlen nachweisen – was beweist, dass die Öffnungen künstlichen Ursprunges sind. Mit welchem technologischen Verständnis und Handwerk die filigranen Kleinode einst durchlöchert wurden, ist allerdings unklar. »Die Bohrer selbst könnten aus Kupfer, Bronze oder Eisen bestanden haben«, vermuten Michael Prange und Ünsal Yalçin im Museumskatalog. »Auch der Einsatz von Obsidianbohrern ist nicht auszuschließen, jedoch wegen des geringen Durchmessers der Bohrlöcher eher unwahrscheinlich.«

Die beiden Wissenschaftler spekulieren in der Folge noch über weitere Herstellungsmöglichkeiten. Dennoch: So richtig schlau scheinen sie aus den Perlenlöchern nicht zu werden. Wer kann es ihnen schon verdenken. Und so muss auch Museumssprecherin Eva Koch auf Nachfrage einräumen, »dass man bis heute nicht hundertprozentig weiß, wie die das damals geschafft haben«.

11 Geheimnisvolle Winzlinge

Abb. 58: Erstaunlich: Über 2500 der Miniaturperlen konnten insgesamt aufgespürt werden.

Und dann ist da noch ein weiteres Rätsel, auf das mich die rührige Pressesprecherin aufmerksam machte: In ganz Georgien gibt es keine entsprechende Zinnlagerstätte. Bleibt somit die Frage, woher das verarbeitete Material überhaupt importiert wurde. Koch: »Unsere Wissenschaftler sind sich mittlerweile ziemlich sicher, dass es aus Afghanistan stammt – also einen elend langen Weg hinter sich hat. Und Distanzen dieser Art nahm man in der damaligen Zeit nur auf sich, wenn es um etwas wirklich Wertvolles ging ...«

12 Kompass auf Rädern

Chinesen konstruierten Differentialgetriebe –
vor 3000 Jahren!

Noch ist es nur ein Traum. Doch Chinas Archäologen geben die Hoffnung nicht auf. Seit Jahrzehnten fiebern sie der Entdeckung eines so genannten »Südzeiger-Wagens« in einem ihrer zahlreichen unerforschten Grabmäler entgegen. Ihre Geduld könnte sich auszahlen: Sollte das Wundergefährt tatsächlich als Grabbeigabe zum Vorschein kommen, wäre die Sensation perfekt. Schließlich sorgt bereits die historische Erwähnung des »Kompass auf Rädern« für Aufregung in den Stuben der Geschichtsschreiber.

Ein einziges erhaltenes Exemplar würde endgültig beweisen, was nicht sein kann. Denn die Statue auf dem 3,3 Meter langen und 2,7 Meter breiten Wagen zeigte immer nach Süden – egal, wohin er fuhr. Millimetergenau wies sie bei jeder abweichenden Radbewegung in dieselbe Richtung. Selbst wenn sich der Wagen im Kreis drehte. Möglich machte dieses wegweisende Schauspiel eine ausgeklügelte Mechanik samt einem Differentialgetriebe aus ineinander verschachtelten Zahnrädern.

Doch aufgepasst: Differentialgetriebe – so trichterte man uns in der Schule ein – wurden erst im 19. Jahrhundert patentiert. Der »fahrende Kompass« aber wird bereits in einer offiziellen chinesischen Verlautbarung von 500 n. Chr. beschrieben, wie der berühmte Chinakenner Professor Joseph Needham (1900–1995) von der University of Cambridge feststellte!

Sein ganzes Leben widmete Needham der Erforschung und Dokumentation der alten chinesischen Weisheiten. In

Band 4 seines imposanten Monumentalwerkes »Science and Civilisation in China« zitiert er die erwähnte Schrift wie folgt: »Der Südzeiger-Wagen wurde zuerst von Herzog Zhou zu Anfang des Jahres 1000 v. Chr. konstruiert, um Diplomaten, die aus großer Entfernung angekommen waren, wieder heimzugeleiten. Denn das Land war eine endlose Ebene, und die Leute verloren den Sinn für Ost und West. Deshalb veranlasste der Herzog den Bau dieses Fahrzeugs, damit die Gesandten fähig waren, Norden und Süden zu unterscheiden.«

Eine Meisterleistung, die Fragen aufwirft: Woher bezogen die alten Chinesen vor 3000 Jahren das Wissen zum Bau dieses technischen Prachtstücks? Wer flüsterte ihnen ein, wie eine intelligente Verbindung von Zahn- und Schwungrädern – also ein Differentialgetriebe – funktioniert? Wie viel Grips brauchte es, um Derartiges in der damaligen Zeit aus dem Nichts auszuhecken?

Denkbar, dass den Konstrukteuren ein noch älteres Modell als Vorbild diente. Immerhin scheint im alten China Zauberhaftes vor sich gegangen zu sein, von dem wir heute keinen blassen Schimmer mehr haben – und das zu einer Zeit, als die Genies in unseren westlichen Gefilden noch nicht einmal in den Windeln lagen. So findet sich im 47. Kapitel des im Jahr 1341 veröffentlichten chinesischen Werkes »Ku yü t'u« eine Passage, welche die Geschichte des Südzeiger-Wagens in einem weitaus fantastischeren Kontext wiedergibt:

»Vor alter Zeit unter Kaiser Cheng von der Zhou-Dynastie schickte das Land der Einarmigen Gesandte mit Tributgeschenken. Sie saßen auf einem Wagen aus Federn, der vom Wind getrieben wurde. So kamen sie herangeflogen zum Hofe der Zhou. Der Herzog von Zhou fürchtete, dass das seltsame Kunstwerk die Bevölkerung aufregen könnte und ließ daher die Wagen zerstören. Da die Gesandten infolgedessen nicht mehr in ihre Heimat zurückkehren konnten, ließ der Herzog von Zhou einen gen Süd zeigenden Wagen herstellen.«

Irgendjemand muss das Wissen im Osten damals regelrecht gesät haben: Die chinesischen Denker überboten

Abb. 59: Die Figur wies immer in dieselbe Richtung – egal, wohin der Wagen fuhr.

sich jedenfalls nur so mit erstaunlichen Erfindungen. Ihre Entdeckungen füllen in Needhams Lebenswerk Abertausende von Seiten. Errungenschaften, von denen einige in späterer Zeit fälschlicherweise westlichen Tüftlern zugeschrieben wurden. Darunter Feuerwaffen, Schießpulver, Zündhölzer, Papiergeld, Schubkarre, Buchdruck, Steigbügel und Pferdegeschirre, die Entdeckung des Blutkreislaufes oder die Herstellung von Stahl.

Auch Autor Robert Temple, der Needhams Epos in autorisierter Buchform zusammenfasste, mag ob des erstaunlich frühen chinesischen Erfindungsreichtums nur ungläubig staunen. Trotzdem spricht er dem Südzeiger-Wagen herausragende Bedeutung zu. »Der Südzeiger-Wagen war im Grunde eine Umkehrung des Einsatzes eines Differentialgetriebes im modernen Automobil«, schwärmt er. »Heute werden solche Getriebe verwendet, um die Kraft auf die Räder zu übertragen und das Fahrzeug zu bewegen. Beim von Tieren gezogenen Südzeiger-Wagen aber wurde die Kraft von den Rädern aus auf das Getriebe übertragen für die ständige Südstellung der Figur. Dieses Differentialgetriebe arbeitete so genau wie die heutigen, nur umgekehrt.«

Doch damit nicht genug: Wie Professor Needham bei seinem langjährigen Studium historischer Überlieferungen feststellte, übten sich nach Herzog Zhous Pionierkonstruktion zahlreiche weitere Chinesen in der Herstellung solcher Maschinen. Manche dieser »Südzeiger« sollen besser, manche schlechter funktioniert haben. Sicher aber ist: Alle derartigen Maschinen galten zu ihrer Zeit als außergewöhnlich kostbare Einzelstücke. Wetten, dass das eine oder andere von ihnen doch noch zum Vorschein kommt, wenn weitere chinesische Herrschergräber geöffnet werden?

13 Verschollene Schriftrollen

Wo wurden die Papyri von Tut-ench-Amun versteckt?

»Zuerst konnte ich nichts sehen, da die aus der Kammer entweichende heiße Luft das Licht der Kerze zum Flackern brachte. Als meine Augen sich aber an das Licht gewöhnten, tauchten bald Einzelheiten im Innern der Kammer aus dem Nebel auf. Seltsame Tiere, Statuen und Gold – überall glänzendes schimmerndes Gold. Als Lord Carnarvon die Ungewissheit nicht länger ertragen konnte und ängstlich fragte: ›Können Sie etwas sehen?‹ war alles, was ich herausbringen konnte: ›Ja, wunderbare Dinge!‹ Dann erweiterten wir das Loch, so dass wir beide hindurch sehen konnten, und führten eine elektrische Lampe ein.«

Was wurde über die Entdeckung des Pharaonengrabes von Tut-ench-Amun durch Howard Carter nicht alles schon fabuliert. Hunderte von Werken berichten uns, wie die geheimnisvolle Ausgrabung im Tal der Könige 1922 vonstatten lief. Hunderte von Autoren erzählen uns vom Fluch, der den Entdecker und seine Kumpane im Laufe der Jahre dahingerafft haben soll. Und Hunderte von Ägyptologen spekulieren bis heute, warum der 18-jährige Pharao 1323 v. Chr. von seinen Zeitgenossen zur Strecke gebracht wurde, wie eine Kopfverletzung erahnen lässt.

Neuestes Beispiel der nicht enden wollenden Spekulationen: Tut-ench-Amun soll an einer heimtückischen Erbkrankheit gelitten haben. Dies jedenfalls behauptet die britische Archäologin Gillian Vogelsang-Eastwood vom niederländischen Völkerkundemuseum in Leiden nach einer Untersuchung seiner Kleider. Sie will festgestellt haben, dass der bedauernswerte Pharao einen »birnenförmigen Körper« mit einem Hüftumfang von 110 Zentimetern besessen haben soll – und erntet für diese Erkenntnis anerkennende Blicke ihrer Fachkollegen.

Das wirkliche Geheimnis von Tut-ench-Amun wird derweil völlig übersehen: Das Mysterium der verschollenen Papyrusrollen. Gerade mal eine einzige aktuelle wissenschaftliche Publikation existiert darüber. Und die erschien 1985 auf einigen wenigen Seiten in den »Göttinger Miszellen« – einem Insiderblättchen der Universität Göttingen, das einem erlauchten Kreis von renommierten Ägyptologen vorbehalten ist.

Worum geht es? Schon bald nach der Entdeckung des Pharaonengrabes träumten damalige Ägyptologen von einem großen Schatz an Papyrusrollen, den das Grab enthalten sollte. Doch ihre Hoffnungen zerschlugen sich: Abgesehen von einem zerfallenen Fetzen, der einen rituellen Text enthielt, fand sich keine Spur der Papyri – weder im Sarg noch in den versiegelten Truhen. Ein seltsamer Befund. Schließlich statteten die alten Ägypter ihre verstorbenen Herrscher gerne mit allerlei Dokumenten aus, die historische, literarische und religiöse Texte beinhalteten.

Glaubt man den fantasievollen Thesen des englischen Forschers Gerald O'Farrell, dann gibt es eine Erklärung für die fehlenden Aufzeichnungen: Carter selbst soll sich die Papyri unter den Nagel gerissen haben! Aus religiösen Gründen, wie O'Farrell zu wissen glaubt. Als Indiz für seine abenteuerliche These bemüht er eine schriftliche Bemerkung Lord Carnarvons an einen Freund, wonach im Grab Papyri gefunden worden seien, »die das Denken der Welt verändern« würden.

Carter selbst – behauptet O'Farrell weiter – habe sich zumindest bei einer offiziell verbürgten Gelegenheit ausdrücklich dazu geäußert. So soll er anlässlich eines Ge-

13 Verschollene Schriftrollen

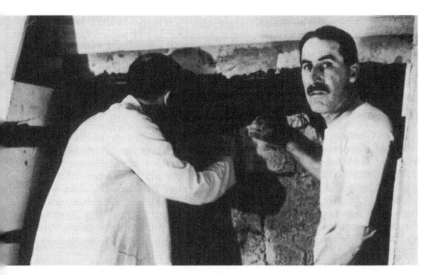

Abb. 60: *Am Ziel seiner Wünsche: Howard Carter (rechts) kurz vor der Öffnung des Grabes (1922).*

sprächs mit den ägyptischen Behörden vorübergehend die Fassung verloren und gedroht haben: »Ich werde der ganzen Welt Papyrustexte zur Kenntnis bringen, die ich im Grab gefunden habe! Dokumente, die eine wahre und skandalöse Erzählung des Exodus der Juden aus Ägypten beinhalten ...«

Wenig von derlei Verschwörungsthesen hält der renommierte Ägyptologe Nicholas Reeves. Auch er muss allerdings einräumen, dass »die Gründe für die bemerkenswerte Absenz der Papyri im Grab von Tut-ench-Amun bis heute nicht zufrieden stellend geklärt werden können«. Reeves zählt zu den ganz Großen seiner Zunft. Internationale Anerkennung erlangte er vor allem durch seine Forschungen im Tal der Könige. Parallel dazu fahndet er seit vielen Jahren in aller Stille, unbemerkt von Journalisten und Kollegen, nach den verschollenen Schriftrollen von Tut-ench-Amun. Eine einzige wissenschaftliche Notiz zeugt bislang von seiner Suche – diejenige in den »Göttinger Miszellen«.

Trotz einiger Rückschläge hat Reeves die Hoffnung noch nicht verloren, wie er mir berichtete. Im Zentrum seines Interesses stehen dabei nicht zuletzt die königlichen und göttlichen Holzstatuen, die Carter einst im Grab fand. Ähnliche Figuren kennen die Fachleute nämlich auch aus anderen Gräbern, etwa demjenigen von Sethos I. Interessanterweise enthalten einige in ihrem Innern Hohlräume.

Eine davon wurde 1898 bei der Entdeckung der letzten Ruhestätte Amenophis II. zu Tage gefördert. Verborgen in ihrem Rücken entdeckte man eine Papyrusrolle. Für Nicholas Reeves ein klares Indiz, wo die Schrifttexte von Tut-ench-Amun verborgen worden sein dürften. »Zumindest ein Teil der Begräbnistexte könnte in einem oder mehreren der göttlichen und königlichen Darstellungen versteckt worden sein, die man in seinem Grab fand«, vermutet er.

Seine Aufmerksamkeit galt dabei lange Zeit den lebensgroßen Wächterstatuen, die am Eingang von Tut-ench-Amuns Grabkammer gefunden worden waren. Sie stehen heute im Ägyptischen Museum von Kairo. »Zusammen mit einigen japanischen Kollegen arrangierte ich vor einigen Jahren eine Röntgenuntersuchung der Wächterfiguren«, berichtete mir Nicholas Reeves. »Leider entpuppten sie sich dabei als solide. Das Rätsel um den Verbleib von Tuts Schriftrollen dauert also an.«

Ist die Sache für ihn damit erledigt? »Keineswegs«, versichert Reeves. »Zu einem späteren Zeitpunkt möchte ich auch die kleineren Tut-ench-Amun-Figuren diesbezüglich näher untersuchen. Konkret geplant ist vorläufig aber noch nichts.«

14 Rostschutz für die Ewigkeit

Indischer Professor löst Rätsel der Säule von Delhi

Glücklich, wer den Pfeiler von Delhi mit den Armen umfassen kann: Sein größter Wunsch geht in Erfüllung. So behauptet es jedenfalls der indische Volksmund. Reiseführer machen sich einen Spaß daraus, diese Geschichte abzuwandeln: Nur wer den Pfeiler mit nach hinten gebogenen Armen umfassen kann, wird tatsächlich beglückt, behaupten sie. Und animieren ihre Begleiter damit zu den kuriosesten Verrenkungen.

Ob von vorne oder von hinten: Der Metallkoloss beim berühmten Sandsteinturm Qutb Minar birgt tausend Geheimnisse. Ein schweigendes Zeugnis mysteriöser Handwerkerkunst, schwärmen die einen. Andere sehen in ihm ein Relikt längst vergessener Zeiten, in denen Alltag war, was uns heute wie Magie vorkommt. Und Wissen nur denen anvertraut wurde, die glauben mochten.

»Unerklärlich ist bis heute, wie man die in den Tempelruinen von Delhi stehende, berühmte, schmiedeeiserne Säule, Loha-Kahmba genannt, herstellte«, hielt Franz Maria Feldhaus bereits 1930 in seiner »Technik der Antike und des Mittelalters« staunend fest. Man mag es ihm nicht verübeln. Schließlich handelte es sich beim 1600 Jahre alten, sieben Meter hohen und sechs Tonnen schweren Pfeiler einst um das größte handgeschmiedete Eisenmonument der Welt.

Doch nicht nur das: Bis auf den heutigen Tag zeigt das imposante Werk kaum Spuren von Rost – und verwirrte damit etliche Forscher bis in die heutige Zeit, was zahlreiche internationale Abhandlungen der letzten Jahrzehnte belegen, die das Rätsel lüften sollten. Noch 1985 schrieb Hans-Heinrich Vogt dazu in der »Naturwissenschaftlichen Rundschau«: »Das Problem bleibt also ungelöst. Eine Erklärung der Korrosionsbeständigkeit der Säule von Delhi könnte jedoch für die Metallurgen außerordentlich interessant sein.«

Geschlagen wurden die Ausländer jetzt von einem einheimischen Professor des Indian Institute of Technology in Kanpur. Knapp zehn Jahre dauerte es, ehe er der magischen Säule ihr Geheimnis entrungen hatte. Sein Erfolg kommt nicht von ungefähr. Denn indische Professoren denken anders. Näher bei den Göttern als westliche Denker, sind Wunder für sie eine Selbstverständlichkeit, vor der ihr Geist nicht innehält.

Der Zauberer der Neuzeit heißt Ramamurthy Balasubramaniam. Seine Erkenntnisse veröffentlichte der Metallurge 2002 in der Zeitschrift »Current Science«. Sie eröffnen unseren Forschern faszinierende Perspektiven, wie er stolz vermerkt: »Das Wissen über die chemische Zusammensetzung der Säule könnte uns helfen, Metallcontainer für radioaktive Abfälle zu perfektionieren: Es liefert uns Hinweise, wie sich Behälter konstruieren ließen, die jahrtausendlang rostfrei bleiben.«

In einer längeren Abhandlung fasste mir der Professor seine Erkenntnisse zusammen. Röntgenuntersuchungen und verschiedene spektroskopische Untersuchungen hätten gezeigt, dass sich auf der Oberfläche der Säule im Laufe der Zeit ein »quasi selbstheilender«, komplexer chemischer Schutzfilm gegen atmosphärische Einflüsse bildete: »Hauptgrund dafür ist der hohe Phosphorgehalt im Eisen.« Ergänzend dazu wirke auch das trockene Klima von Delhi der Rostbildung entgegen.

Ursprünglich sei der Koloss zu Ehren eines indischen Herrschers in einem Vishnu-Tempel bei Udayagiri in

14 Rostschutz für die Ewigkeit

Abb. 61: Die Metallsäule von Delhi: Zeugnis einer Zeit, in der es von Wundern nur so wimmelte.

II Verlorenes Wissen

Abb. 62a: Zukunftsweisende Entdeckung: Endlich ist klar, warum die Säule nicht rostet.

14 Rostschutz für die Ewigkeit

Abb. 62 b: Auch diese Nahaufnahme dokumentiert die erstaunliche Korrosionsbeständigkeit.

Zentralindien aufgestellt worden. »Das geht aus einer Sanskritinschrift auf der Säule hervor.« Erst im 13. Jahrhundert sei sie nach Delhi transportiert worden.

Schon als kleines Kind habe er erstmals von dem einzigartigen Eisengebilde in seinem Heimatland erfahren, erinnert sich Balasubramaniam. Doch das tonnenschwere Gebilde ließ ihn vorerst kalt. Erst während seiner Universitätszeit in Amerika wurde er wieder darauf aufmerksam – durch Professor Helmut Kaesche von der Friedrich-Alexander-Universität in Erlangen. 1990 reiste er nach Indien zurück, wo er sich am Indian Institute of Technology in Kanpur in den folgenden Jahren der Erforschung der Säule zu widmen begann.

Dass er seine Erkenntnisse elf Jahre später bei einem internationalen Workshop über das langfristige Rostverhalten von Nuklearmüll-Systemen in Cadarache hochrangigen Forschern vorstellen würde, ließ sich Balasubramaniam damals nicht träumen. »Meine Erkenntnisse über die Säule von Delhi wurden wohlwollend aufgenommen«, freut er sich. »Man zeigte großes Interesse. Wie relevant die Untersuchungen für die Praxis sein werden, muss sich aber erst noch zeigen. Denn die Länder dieser Erde haben sehr unterschiedliche Ansichten hinsichtlich der Endlagerung radioaktiven Mülls, was Lokalitäten und Behältermaterialien betrifft.«

15 Der magische Ring von Paußnitz
Wer kann seinen Zauberspruch entziffern?

Ihre Macht ist nicht von dieser Welt. Objekte der Kraft – ohne Anfang und Ende. Geschmiedet aus einem Guss, in längst vergessenen Zeiten, verleihen sie ihren Trägern Ansehen und Macht. Heilende Wirkung soll ihnen innewohnen. Zauberformeln auf ihrer Oberfläche bewahren uraltes Wissen. Und schließen den magischen Kreis, innerhalb dessen Auserwählte Schutz erfahren.

Zauberringe gibt es tatsächlich. Doch nur wenige überdauerten die Wirren der Geschichte. Einer davon befindet sich seit über 100 Jahren im Tresor des Landesmuseums für Vorgeschichte in Halle (Sachsen-Anhalt). Vorübergehend verschollen geglaubt, übt das zwölfeckige Silberstück aus längst vergangenen Zeiten eine seltsame Anziehungskraft aus. Eine mysteriöse Inschrift aus Symbolen und buchstabenartigen Zeichen gibt Schriftexperten bis heute Rätsel auf. Und weckt damit Spekulationen über die Kräfte, die noch immer in ihm stecken.

Gefunden wurde der fünf Gramm schwere Silberring 1898 vom Gutsbesitzer Emil Schreiber in Paußnitz, im heutigen Landkreis Riesa. Beim Pflanzen eines Baumes stieß Schreiber im Boden unverhofft auf ein Keramikgefäß voller Silbermünzen. Darin eingebettet – präsentiert wie ein Geschenk des Himmels – lag der geheimnisvolle Ring. Der Gutsbesitzer konnte sein Glück kaum fassen. Überall erzählte er begeistert davon.

Schnell drang die Kunde über den wertvollen Fund an das Provinzialmuseum der preußischen Provinz Sachsen. Doch auch andere Stellen hatten davon Wind bekommen.

II Verlorenes Wissen

Und so feilschten bald staatliche Institutionen, Münzsammler und Antikenhändler um den Schatz. Gerade mal sieben der ursprünglich 500 Münzen konnte das Museum in Halle schließlich noch habhaft werden. Dafür sicherte es sich den Besitz des Ringes. Und der Magie, die ihm innewohnt.

Vergraben worden sein dürfte der Zauberschmuck kurz nach 1150. Gut möglich also, dass er weitaus älteren Datums ist. Tatsächlich scheint es sein Schicksal zu sein, immer wieder unterschätzt zu werden. »Eigenartigerweise erfuhren bislang nur die Münzen öffentliche Würdigungen«, bestätigt Arnold Muhl vom Landesamt für Archäologie Sachsen-Anhalt. »Der Fingerring wurde bisweilen erwähnt, aber nie ausführlich publiziert.« Sprich: Die Archäologen ließen ihn links liegen.

Aufgrund der Fundumstände sei der Ring in einem gesondert geführten Münzkatalog inventarisiert worden, weshalb er – im Gegensatz zu dem Schatzgefäß – auch nicht mehr in den Inventarlisten der archäologischen Funde auftauchte. Muhl: »Viel später suchte man ihn aber gerade im archäologischen Inventar, allerdings vergebens, so dass der Ring in Publikationen der 80er Jahre als Verlust gemeldet wird.«

Erst 2001 tauchte das Kleinod wieder auf, wie der Archäologe zu berichten weiß: »Bei der Durchsicht der Münzen in unserem Tresor fiel mir plötzlich der Ring auf. Genauere Nachforschungen brachten seine Herkunft dann ans Licht.«

Nicht so recht schlau wird man dagegen aus seiner Inschrift. Wie mir Arnold Muhl bestätigte, lassen sich die seltsamen Zeichen bis heute nicht befriedigend entziffern. Dies, obwohl ihnen allein schon durch ihre Position – ein Zeichen pro Seite – eine tiefer gehende Bedeutung innezuwohnen scheint. Dazu der Archäologe: »Derzeit be-

15 Der magische Ring von Paußnitz

Abb. 63: Nachbildungen (oben): Welche geheimen Kräfte dem magischen Kleinod wohl innewohnen?

müht sich ein kleiner Personenkreis mit unterschiedlichen Disziplinen um die Entzifferung der Inschrift. Bislang ist aber noch nicht einmal definitiv gesichert, in welcher Sprache die Inschrift verfasst ist und welche Bedeutung die Symbole haben.«

Wie der Archäologe weiter ausführt, handelt es sich vermutlich um kein zusammenhängendes Wort, sondern um die Abkürzung eines Spruches, bestehend aus den Anfangsbuchstaben mehrerer Wörter. »Natürlich ist bei einer derart verklausulierten Inschrift der Gedanke an einen geheimen und infolgedessen magischen Sinngehalt nahe liegend. Vermutlich hat der Ring tatsächlich eine religiöse amuletthafte Bedeutung.«

Neuste Untersuchungen deuten laut Muhl allerdings eher auf einen christlichen, denn auf einen heidnischen Kontext hin. »Offenkundig sollte er als Siegelring gelten, mit der Inschrift des Besitzers darauf. In Wirklichkeit aber dürfte etwas anderes darauf geschrieben sein – möglicherweise in mittelhochdeutscher Sprache.« Nähere Aufschlüsse darüber erhofft man sich nun von Schriftexperten aus München, die das Ringrätsel endlich lösen sollen.

Wen das silberne Stück einst in seinen Bann zog, muss vorläufig also offen bleiben. Sicher scheint ob seiner Größe lediglich, dass es einen Mann an sich band. Und das über sehr lange Zeit, wie Abnutzungsspuren auf seiner Oberfläche zeigen. Dass der Träger reich gewesen sein musste, lässt sich anhand des vergrabenen Münzschatzes erahnen. Ein Geheimnis indes bleibt, warum der Ring seinen Besitzer vor dem Tod verließ.

Wie viele der zauberhaften Stücke einst geschmiedet wurden, liegt ebenfalls im Dunkeln. Bisher wissen wir nur von einem dokumentierten Vergleichsstück. Dieser zehneckige Silberring aus Deszk (Ungarn) weist eine ähnlich verwirrende Inschrift auf, deren Sinn sich unseren Kenntnissen heute ebenfalls entzieht. Bleibt zu hoffen, dass noch weitere Exemplare die Zeiten überdauert haben. Auf dass sie eines Tages zusammengeführt werden können, um uns anzuvertrauen, was im Laufe der Jahrtausende verloren ging. Und den Zauber zu wecken, der in ihnen steckt.

III
Geheimnisvolle Monumente

»Unseren Archäologen fehlt die Fantasie – weil sie keine haben dürfen. Archäologie ist ein durch und durch konservativer Forschungszweig, betrieben von geistreichen, humorvollen und in der großen Mehrheit auch integren Wissenschaftlern. Unvermeidlicherweise mussten sie an ihren Hochschulen alle den gleichen Einheitsbrei einer Lehre büffeln, die sich stur am evolutionären Prinzip orientiert. Alles hat sich langsam, stetig eines nach dem anderen entwickelt. Was nicht sein darf, das nicht sein kann.
So wundert es nicht, wenn hochinteressante Entdeckungen unter den Tisch fallen und der Öffentlichkeit gar nicht erst vorgestellt werden.«

(Erich von Däniken, Mystery-Experte)

16 Neuer Streit um »Burrows Cave«

Geheimes Höhlensystem wird endlich untersucht

Es begann mit einer Drohung. »Ich vertraue dir ein allerletztes Mal. Solltest du noch einmal den Lügen aufsitzen, die andere über mich verbreiten, habe ich nichts mehr mit dir zu tun. Sei weise und wechsle auf die richtige Seite!«
Russells Burrows' Warnung kam nicht überraschend. Der Amerikaner mag mich nicht. Und ich kann es ihm nicht verübeln. Schließlich handelte ich ihm vor einigen Jahren tüchtigen Ärger ein. Damals bezichtigte ich ihn öffentlich, mysteriöse Goldartefakte aus einem Höhlensystem in Illinois eingeschmolzen und das Geld auf Schweizer Nummernkonten gehortet zu haben. Ein Höhlensystem, dessen Lage Burrows hartnäckig unter Verschluss hält.

Der Amerikaner spielt bis heute das Unschuldslamm. Er sieht sich als Opfer einer groß angelegten Hetzkampagne. In einem Mail vom 26. Juli 2002 betonte er einmal mehr, dass kein Gold aus der sagenumwobenen Fundstelle entfernt worden sei. »Es liegt alles noch dort. Ebenso wie die Diamanten. Es existieren auch keine Schweizer Nummernkonten.« Wir tauschten in der Folge einige Briefe.

Handfeste Argumente gegen all die Indizien, die ich im Lauf der Jahre gegen ihn zusammengetragen hatte, mochte mir Russell Burrows indes nicht liefern. Und so ließ die nächste Drohung nicht lange auf sich warten: »Ich werde nun abwarten, was du mit diesen Informationen anfängst. Wenn du die Wahrheit schreibst und mich nicht als böswilligen Dieb hinstellst, werde ich mir überlegen, ob ich

III Geheimnisvolle Monumente

Abb. 64: Viele der Fundstücke konnten vor ihrem Verschwinden fotografisch dokumentiert werden.

dir weitere Dinge verrate. Dinge, die dich erstaunen werden. Wenn nicht, dann ... war es schön, dich kennen gelernt zu haben.«

Aufschluss über den Wahrheitsgehalt von Burrows' Äußerungen könnte allenfalls eine Grabung liefern, die von Wayne May, Herausgeber der Zeitschrift »Ancient American«, in Angriff genommen wurde. Doch die Ausgräber dürften ihr blaues Wunder erleben. Und Burrows wird sich entzückt die Hände reiben. Doch davon später ...

Blenden wir einige Jahrzehnte zurück: Im April 1982 war Burrows in einem abgelegenen Tal von Illinois zufällig auf ein verschlossenes Eingangsportal gestoßen. In mühseliger Arbeit schaufelte der Amerikaner den Eingang frei. Anschließend kroch er durch das Loch in die Dunkelheit. Schritt für Schritt arbeitete sich Russell Burrows durch das unterirdische Labyrinth vor: Die Gänge waren übersät mit geheimnisvollen Zeichen und Darstellungen.

Am Boden lagen bearbeitete Steine, an den Wänden hingen seltsame Steinköpfe. Die Neugier des Amerikaners wurde aber vor allem durch verschlossene Durchgänge geweckt, die in loser Reihenfolge an den Seitenwänden auftauchten. Burrows entschloss sich, einen davon aufzubrechen. Keine leichte Aufgabe, doch nach einiger Zeit gelang es ihm, eine provisorische Öffnung freizulegen.

Ein modriger Geruch schlug ihm entgegen. Burrows zückte seine Taschenlampe und leuchtete in den Raum. Zentimeter für Zentimeter tastete sich der Lichtkegel seiner Lampe durch die Dunkelheit, ehe er an einem großen Gegenstand hängen blieb. Burrows stockte der Atem: Da lag – aufgebahrt auf einer massiven Steinplatte – ein Skelett. Daneben Äxte, Speerspitzen und Metallgegenstände.

Burrows vergrößerte die Öffnung und zwängte sich schwitzend und keuchend hindurch. Am Boden lagen

Kupfer- und Bronzewerkzeuge. Daneben standen einige Gefäße. Aber auch Schmuck blitzte im Schein seiner Taschenlampe auf. Das Herz des Amerikaners raste; Gedanken schossen in wilder Abfolge durch seinen Kopf. Was mochte sich wohl hinter den übrigen Steinportalen befinden? Burrows beschloss, eine zweite Kammer zu öffnen. Dort stieß er auf die Überreste von einer Frau und zwei Kindern. Alle drei waren offenbar umgebracht oder geopfert worden.

1987 entdeckte der Amerikaner einen weiteren Raum, den er heute als Hauptkammer bezeichnet. Der Eingang war mit einem großen steinernen Rad verschlossen, auf dem seltsame Schriftzeichen prangten. Burrows meisterte auch dieses Hindernis und trat schließlich in eine geräumige Kammer ein, in der – umringt von Waffen und Statuen – ein massiver Steinsarkophag stand.

Mit dem Brecheisen gelang es ihm, den Sargdeckel zu öffnen: Darin eingebettet lag ein zweiter Sarg aus purem Gold. Burrows öffnete auch diesen – und seine Augen weiteten sich: Vor ihm lag eine in Tücher eingehüllte Mumie …

Außer Russell Burrows hat bisher kaum jemand das ominöse Höhlensystem betreten, denn der Amerikaner weigerte sich lange Zeit, dessen Lage zu benennen. Abenteuerlustige Schatzsucher könnten die Fundstätte plündern, fürchtete er. Außerdem würde sie im Fall einer öffentlichen Bekanntmachung automatisch dem amerikanischen Staat zufallen, dem er sowieso nicht traut. Also verschloss er den Eingang 1989 wieder.

Als Beweise für seine kontroverse Entdeckung trug Burrows stattdessen Tausende von gravierten Steinen, aber auch Goldartefakte an die Oberfläche. Merkwürdige Motive sind auf den handtellergroßen Stücken abgebildet: geflügelte Wesen etwa – halb Mensch, halb Tier –, be-

16 Neuer Streit um »Burrows Cave«

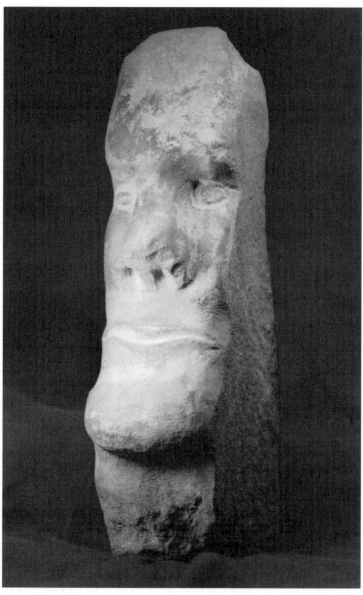

Abb. 65: Eine Grabbeigabe kurioser als die andere: Die meisten Objekte wurden nie öffentlich gezeigt.

helmte Gestalten oder Darstellungen der Gestirne. Selbst Medaillons, die an Armbanduhren erinnern, befinden sich darunter.

Nur wenige amerikanische Archäologen haben sich der Grabbeigaben von »Burrows Cave«, wie das umstrittene Höhlensystem genannt wird, bisher angenommen. Einige wollen die Artefakte bereits nach einem kurzen Augenschein als zeitgenössische Fälschungen entlarvt haben, denn die abgebildeten Motive weisen Einflüsse unterschiedlichster kultureller Stilrichtungen auf.

Selbst Darstellungen, die Assoziationen zur altägyptischen oder zur phönizischen Kultur wecken, finden sich in Burrows' Sammlung. Kulturen also, die nach gängiger Auffassung keinerlei Kontakte mit dem amerikanischen Kontinent unterhielten. Aber auch der Umstand, dass sich die abgebildeten Schriftzeichen allen Entzifferungsversuchen entzogen, verärgerte die Experten.

Die Entdeckungsgeschichte sei von A bis Z erfunden, schäumte 1993 zum Beispiel Dorothy Hayden vom American Institute for Archaeological Research in Mt. Vernon. Gleichzeitig räumte sie aber ein, dass sich in der Burrows-Sammlung auch das eine oder andere authentische Stück befinden mag, »von dem unsere Archäologen mit Schrecken annehmen, dass es möglicherweise aus einer bereits bekannten Grabstätte stammt«.

Positivere Worte fand Jean Hunt von der Louisiana Mounds Society. »Ich bin persönlich davon überzeugt, dass das ganze Höhlensystem, so wie es Burrows beschreibt, tatsächlich existiert«, schrieb sie mir kurz vor ihrem Tod. »Vor allem zwei Dinge sprechen meiner Meinung nach dafür. Erstens die Quantität und die Qualität der inzwischen geborgenen Artefakte: Es scheint mir doch sehr unwahrscheinlich, dass es jemandem gelungen sein soll, eine derartige Menge künstlerischer Gegenstän-

Abb. 66: Die Steine sollen aus einer Grabanlage im US-Bundesstaat Illinois stammen.

de in kurzer Zeit herzustellen. Zweitens teilte mir eine Person, deren Glaubwürdigkeit für mich außer Zweifel steht, mit, dass es die von Burrows beschriebenen Tunnel und Kunstgegenstände tatsächlich gibt.«

Einer der wenigen, der sich spontan gewillt zeigte, die Sache einer detaillierten Untersuchung zu unterziehen, ist der amerikanische Professor James Scherz von der Universität Wisconsin. Als ich 1994 zum ersten Mal mit ihm korrespondierte, berichtete er mir ausführlich über seine Studien, die ihn davon überzeugten, dass es sich bei den von Burrows vorgelegten Gegenständen tatsächlich um uralte Grabbeigaben handelt.

III Geheimnisvolle Monumente

Abb. 67: Archäologen halten viele der Fundstücke ob ihrer Darstellungen für Fälschungen. Zurecht?

Seine Ergebnisse hat Scherz 1992 in einem ausführlichen Report dokumentiert. Darin plädiert er vehement für mehr Offenheit gegenüber kontroversen Entdeckungen.

Unsere Vorfahren, so betont Scherz, seien »weitaus fortschrittlicher« gewesen, als man bisher gedacht habe: »Die seltsamen Motive auf den Steinen sind für mich kein Beweis für eine Fälschung. Vielmehr scheinen sie darauf hinzudeuten, dass die präkolumbische Geschichte Amerikas erheblich seltsamer und interessanter sein könnte, als es unsere besten Historiker vorgeschlagen haben.«

Obwohl sich Scherz alle nur erdenkliche Mühe gab, die außergewöhnliche Sammlung so detailliert wie möglich

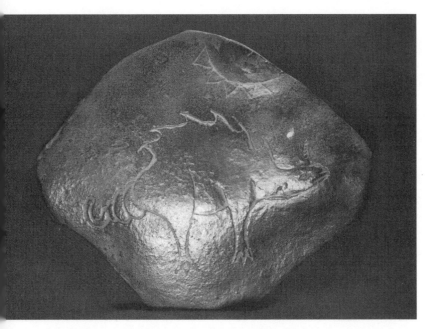

Abb. 68: Zahlreiche der vermeintlichen Grabbeigaben wurden unter der Hand verschachert.

zu dokumentieren, liegen von einigen der zu Tage geförderten Steine heute nur noch Fotos vor. Wie ist das möglich?

Kurz nach der Entdeckung habe er rund 2000 Gegenstände aus der Höhle entfernt, um eine Untersuchung der Anlage zu finanzieren, erklärte Burrows 1994 gegenüber dem archäologischen US-Magazin »Ancient American«: »Ich verkaufte sie an einen privaten Sammler, der sich damit einverstanden erklärte, die Artefakte auf Anfrage für wissenschaftliche Untersuchungen zur Verfügung zu stellen. Leider will er davon mittlerweile nichts mehr wissen.«

Es sei jener ominöse Sammler gewesen, der ihn in Kontakt mit dem amerikanischen Vorzeitforscher Jack Ward gebracht habe, behauptet Burrows. Ward unterhielt in Vincennes damals ein Museum und zeigte sich an »Burrows Cave« sehr interessiert. Burrows: »Nach einem Jahr entschloss ich mich dazu, ihm gegen Ausstellung einer Quittung 1993 Artefakte für sein Museum auszuhändigen. Im Gegenzug sollte er die Untersuchung der Höhle mitfinanzieren.«

Im Lauf der Zeit will Burrows festgestellt haben, dass die Zahl der Steine in Wards Museum ständig abnahm. »Am Ende waren gerade noch 356 übrig.« Als Ward 1991 unerwartet starb, händigte ihm dessen Witwe knapp 120 Stücke aus. »Damals meldeten sich verschiedene Personen bei mir, denen Ward offenbar Steine verkauft hatte«, erinnert sich Burrows. »Doch obwohl wir seinerzeit eine Vereinbarung getroffen hatten, wonach ein allfälliger Verkaufsgewinn unter uns aufgeteilt würde, habe ich von ihm nie einen einzigen Cent gesehen. Als ich später auch noch erfuhr, dass Ward offensichtlich in erheblichen finanziellen Schwierigkeiten steckte, wurde mir einiges klar.«

Laut Burrows soll Ward insgesamt rund 250 000 US-Dollar mit dem Verkauf der Artefakte verdient haben. Außerdem soll er Goldobjekte im Wert von knapp 39 000 US-Dollar verhökert haben. Dies gehe aus Quittungen hervor, die in seinem Nachlass aufgetaucht seien.

Harry Hubbard aus Florida kann über derlei Aussagen nur den Kopf schütteln. Als Gründer der Forschungsgesellschaft »Ptolemy Productions« hat er es sich zum Ziel gesetzt, den exakten Standort von »Burrows Cave« ausfindig zu machen. Unterstützt wird er dabei vom Schriftexperten Paul Schaffranke, dem es offenbar gelungen ist, einen Teil der rätselhaften Zeichen zu übersetzen. Nach Meinung von Hubbard und Schaffranke enthält die Höhle das kulturelle Vermächtnis nordafrikanischer und europäischer Seefahrer, die den amerikanischen Kontinent lange vor Kolumbus betreten haben sollen.

Sehr zum Leidwesen von Russell Burrows freilich, der Harry Hubbard wütend als notorischen Lügner verteufelt. Grund: Hubbard ist zwar von der Existenz der Höhle überzeugt, nicht aber von Burrows' Aufrichtigkeit. Für ihn hat dieser einfach kräftig in die eigene Tasche gewirtschaftet. »Russell dürfte mit dem Verkauf der Steine eine schöne Stange Geld verdient haben«, ist Hubbard überzeugt. »In all den Jahren meiner Recherchen habe ich nicht eine einzige Person kennen gelernt, die Cave-Artefakte von Jack Ward erworben hätte. Alle Stein-Sammler, die

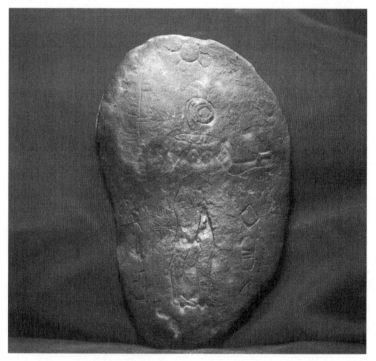

Abb. 69: »Burrows dürfte mit dem Verkauf viel Geld verdient haben«, behaupten seine Kritiker.

mir namentlich bekannt sind, erkauften sich ihre Fundstücke von Burrows.«

»Ancient American«-Herausgeber Wayne May wollte es genauer wissen. Im Oktober 1996 traf er sich erstmals mit Hubbard, um den Burrows-Kritiker persönlich über die Gründe seiner Zweifel zu befragen. Und May staunte nicht schlecht, als ihm Hubbard bei dieser Gelegenheit spektakuläre Fotos unter die Nase hielt, die über Umwege in seinen Besitz gelangt waren: Sie zeigen ganze Berge von Goldgegenständen!

Wie Hubbard ausführte, sind die Bilder 1988 in Wards Museum geschossen worden. Grund genug für ihn, misstrauisch zu werden. Wo war all dieses Gold geblieben? Warum war bisher immer nur von »einigen« Goldartefakten die Rede, die Ward verhökert haben soll? Und warum hatte Burrows in all den Jahren niemanden über die fraglichen Bilder informiert? Hatte er neben den Steinen wo-

Abb. 70: Nicht nur Steine, sondern auch Gold und Diamanten trug Burrows an die Oberfläche.

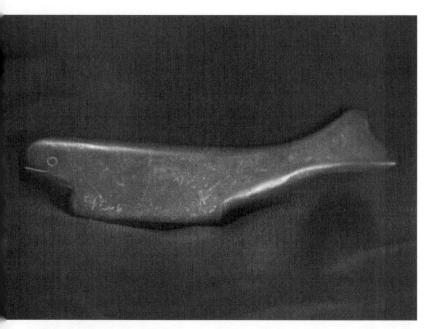

Abb. 71: Die Beschaffenheit der einzelnen Fundgegenstände unterscheidet sich beträchtlich.

möglich weitaus mehr Goldgegenstände aus der Höhle geschmuggelt, als bisher zugegeben?

Hubbard: »Aus den mir vorliegenden Akten geht klar hervor, dass zwischen 1987 und 1989 Gold im Gesamtwert von fast sieben Millionen US-Dollar über die Tische des Burrows Cave Research Center wanderte. Es sieht so aus, als ob ein großer Teil davon eingeschmolzen und über Fort Knox an U.S. Mint verkauft wurde. Wohin der Rest des Goldes im Wert von drei Millionen verschwand, ist unklar. Ich vermute, dass es sich immer noch im Besitz von Burrows befindet.«

Einige der Dokumente hat Hubbard mittlerweile veröffentlicht. So etwa einen Rapport vom 26. August 1987,

III Geheimnisvolle Monumente

Abb. 72: Sollte sich nur ein Teil der Sammlung als echt entpuppen, wäre dies bereits eine Sensation.

in dem Burrows eigenhändig festhält, wie er – angeblich auf Druck des Landeigentümers – »etwas mehr als 500 Unzen Gold aus dem Raum mit den Statuen herausschaffte«. Ebenfalls brisant: Ein Schreiben vom 31. März 1989 an Jack Ward, in dem Kongressmitglied Frank McCloskey mitteilt, über wen ein allfälliger Goldverkauf abgewickelt werden müsse. (Als Ansprechpartner genannt wird Michael Iacangelo von Fort Knox.)

Über den Verbleib des Goldes darf also spekuliert werden. Umso mehr, als selbst Burrows-Intimus James Scherz darüber nur Wages zu berichten weiß. Er habe sich bei seinen Untersuchungen vor allem auf die gravierten Steine konzentriert, teilte er mir im September 1997 mit. »Hauptsächlich wegen des Fiebers, welches das gelbe Metall bei allen auslöst, die damit in Berührung kommen.«

Scherz ließ es sich allerdings nicht nehmen, die Stücke einem kurzen Augenschein zu unterziehen, als sich ihm die Gelegenheit dazu bot. »Bei einigen handelte es sich offensichtlich um Abgüsse. Ich habe aber auch metallische Originalstücke gesehen. Sie wiesen einen rötlich-gelben Glanz auf. Vermutlich eine Legierung aus Gold, Silber und vielleicht auch Blei. Es steht für mich außer Zweifel, dass es sich dabei um echte, historische Artefakte handelt und nicht um moderne Fälschungen. Nach Aussagen von Burrows stammen die Gegenstände alle aus dem von ihm entdeckten Höhlensystem. Er versicherte mir, dass zumindest ein Teil davon nach der Herstellung der Kopien in den späten 80er Jahren wieder dorthin zurückgebracht wurde.«

Auf die Frage, was er von Hubbards Vorwürfen halte, wonach Burrows einen Teil des Goldes verkauft habe, gab sich Scherz auffallend zurückhaltend. »Ich denke, die besten Informationen zu dieser Frage sind bereits im ›Ancient American‹ veröffentlicht worden. Außerdem sind nach Jack Wards Tod Aufzeichnungen aufgetaucht, die klar beweisen, dass Ward Goldverkäufe getätigt hat. Burrows informierte mich seinerzeit aufgebracht über diesen Umstand.«

James Scherz scheint also nach wie vor von Burrows' »Unschuld« überzeugt zu sein. In einem ausführlichen

III Geheimnisvolle Monumente

Abb. 73: Nur wenige Archäologen haben sich der Sammlung bislang angenommen.

Leserbrief an die Zeitschrift »Ancient American« äußerte er kurz nach Publikation des aufgetauchten Materials denn auch Zweifel an der Echtheit der von Hubbard zur Diskussion gestellten Korrespondenz: »Immerhin beteuert Burrows, die betreffenden Briefe nie gesehen zu haben.« Hinzu komme, dass Russell Burrows bereits einige Zeit zuvor mit einem Schreiben konfrontiert worden sei, das zwar seine Unterschrift trug, »in Wahrheit aber nie von ihm unterschrieben wurde«.

Abb. 74: Gegen 4000 derartige Objekte soll Russell Burrows gehortet haben.

Harry Hubbard kann Burrows' Erklärungsversuch nur ein müdes Lächeln entlocken: »Über 60 weitere Briefe befinden sich in meinem Besitz«, meint er schmunzelnd. »Und ich mache jede Wette, dass Burrows auch diese nie gesehen haben will.«

Mitte September 1997 gelang es mir, Burrows direkt mit den gegen ihn erhobenen Vorwürfen zu konfrontieren:

»Wie viele Objekte haben Sie insgesamt aus der Höhle geholt?«

Burrows: »Rund 4000 Stück. Jack Ward hat fast alle davon hinter meinem Rücken verkauft. Immerhin konnte ein Großteil davon wieder beschafft werden.«

»Woher stammen die von Ihnen unterschriebenen Briefe, die im ›Ancient American‹ veröffentlicht wurden? Handelt es sich dabei ausnahmslos um Fälschungen? Und wenn ja, wer steckt dahinter?«

Burrows: »Die Briefe wurden von Jack Ward gefälscht. Er wollte gewissen Leuten glauben machen, er habe die ultimative Kontrolle über das Höhlensystem. Gleichzeitig zog er damit vielen Leuten das Geld aus der Tasche.«

»Was ist mit den übrigen Briefen, die Hubbard in seinem Besitz haben will?«

Burrows: »Sie existieren nicht.«

»Wo ist all das Gold hingekommen, das auf den Fotos zu sehen ist? Handelt es sich dabei überhaupt um Gold?«

Burrows: »Das Gold liegt immer noch in der Höhle und wurde auch nie von dort entfernt. Von jedem Stück wurde ein Abdruck genommen und eine Kopie angefertigt. Auf den Fotos sind ausschließlich Duplikate zu sehen. Ward wollte damit wohl Investoren für seine zwielichtigen Geschäfte anlocken. Ich erfuhr davon leider erst nach seinem Tod. Er hat verschiedene Leute finanziell betrogen – sogar seine eigene Frau.«

»Haben Sie Teile des Goldes eingeschmolzen, wie Ihnen Hubbard vorwirft?«

Burrows: »Nein, das habe ich nicht. Solche Dinge tue ich nicht.«

»Warum veröffentlichen Sie dann keine Videoaufnahmen aus dem Innern des Höhlensystems?«

Burrows: »In die Höhle einzudringen, käme einer Verletzung der Gesetze von Illinois gleich. Außerdem könnten Leute wie Hubbard dadurch ihren Standort eruieren. Hubbard würde sie plündern, wenn er könnte.«

»Sie bezeichnen Hubbard als notorischen Lügner. Was für Motive könnte er für seine Anschuldigungen haben?«

Burrows: »Er denkt wohl, er kann mich mit seinen Äußerungen zu einem Fehler verleiten, der ihm womöglich einen Hinweis auf den exakten Standort des Höhlensystems liefert.«

Die Antworten des Amerikaners vermochten mich nicht zu befriedigen. Im Gegenteil: Die emotionale Heftigkeit, mit der Burrows seinen Kritiker attackierte und beleidigte (»ein Lügner, Geisteskranker, Dieb und Krimi-

Abb. 75: Viele der Fundstücke befinden sich heute in den Händen von privaten Sammlern.

III Geheimnisvolle Monumente

Abb. 76: Im Innern der Anlage soll es von weiteren Fundstücken nur so wimmeln.

neller«), nährten meinen Verdacht, dass Hubbard mit seinen Vorwürfen wohl nicht so falsch liegen konnte, wie mich Burrows glauben machen wollte.

Stutzig machte mich außerdem, dass Burrows die Existenz der von Hubbard zur Diskussion gestellten Briefe in Abrede stellte. Die Papiere sollen mehrheitlich aus dem Nachlass von Ward stammen. Ich bat den Burrows-Kritiker deshalb, mir Kopien aller Briefe zur Verfügung zu stellen.

Anfang November 1997 setzte sich Hubbard mit mir in Verbindung und ließ mir bündelweise Informationsmaterial über seine Recherchen zukommen. Als ich die Unterlagen zu studieren begann, kam ich aus dem Staunen nicht

16 Neuer Streit um »Burrows Cave«

Abb. 77: Mit dem Verkauf der Objekte wurden beträchtliche Gewinne erwirtschaftet.

mehr heraus: Äußerst detailliert wird darin beschrieben, wie Burrows seit 1983 Jack Ward, aber auch dessen Partner Norman Cullen, immer wieder Geld abluchste, um seine illegalen Abenteuer im Höhlensystem zu finanzieren. Allein bis Ende 1987 hatten ihm die beiden rund 20 000 US-Dollar vorgeschossen, wie Burrows in einem Papier vom 29. Dezember 1987 eigenhändig festhielt. 1990 entledigte er sich seiner Schulden, indem er seine Partner mit Gold ausbezahlte.

Hubbard stellte mir außerdem viele der ihm vorliegenden Briefwechsel und Abrechnungen zur Verfügung: Entgegen Burrows' Aussagen existieren diese Dokumente also sehr wohl. Viele davon tragen Burrows' Handschrift.

Zu denken gaben mir vor allem die Schreiben des angeblichen Landeigentümers »George Neff«. Seltsamerweise zog es Neff über all die Jahre vor, ausschließlich über Burrows zu korrespondieren: Niemand außer dem Entdecker selbst hatte jemals persönlichen Kontakt mit ihm. Kommt dazu, dass Burrows mittlerweile behauptet, »George Neff« sei lediglich ein Pseudonym, das sich der Landeigentümer aus Sicherheitsgründen zugelegt habe.

»George Neff ist eine Erfindung von Burrows«, ist Hubbard überzeugt. »Mit gefälschten Briefen setzte er Jack Ward und andere Interessierte unter Druck, um sie für seine Interessen und Zwecke gefügig zu machen und ihnen das Geld für weitere Untersuchungen aus der Tasche zu ziehen.«

Nach dem Studium von Neffs Briefen kann ich mich Hubbards Zweifeln vorbehaltlos anschließen: Auf alle nur erdenklichen Arten versuchte der fiktive Landbesitzer, Wards und Cullens Bedenken an der illegalen Basis der Plünderungen zu zerstreuen. Immer wieder forderte er sie auf, die von Burrows ans Tageslicht geförderten Artefakte käuflich zu erwerben, andernfalls er sich neue Partner suchen müsse.

Am 6. Dezember 1987, kurz nachdem Burrows zum ersten Mal Gold aus der Höhle entwendet hatte, versprach Neff den beiden sogar erhebliche Profite, falls sie Burrows weiterhin unterstützten (»Russell ist auf dem Weg nach Hause, ich habe ihm rund 150 000 Dollar in Gold mitgegeben«).

Nach Aussagen von Burrows soll Neff 1995 verstorben sein. Wenn aber Neff lediglich in Burrows Fantasie existiert, wem gehört das Land dann tatsächlich? »Die wirklichen Landeigentümer sind sowohl Burrows als auch mir bestens bekannt«, meint Hubbard. »Ich möchte ihre Namen nicht öffentlich preisgeben. Nur so viel: Sie hatten keine Ahnung von der Existenz der Höhle. Sie erkennen die Tragweite der Entdeckung nicht, wissen sehr wenig über vorzeitliche Geschichte, und auch von Archäologie verstehen sie eigentlich gar nichts.«

Rund 30 Duplikate der Goldartefakte befinden sich mittlerweile im Besitz von Hubbard, andere gelangten über Umwege in verschiedene Privatsammlungen. Insgesamt habe er gegen 600 Abgüsse persönlich in Augenschein nehmen können, teilte er mir mit. »Der große Rest befindet sich nach wie vor im Besitz der Familie von Jack

Abb. 78: Lagert ein Teil der Verkaufseinnahmen auf Schweizer Bankkonten?

Ward.« Laut Hubbard ließ Burrows von allen Goldartefakten Kopien anfertigen. Die Originale seien anschließend eingeschmolzen worden.

Die von Hubbard genannte Summe von »sechs bis sieben Millionen US-Dollar«, die auf diese Weise zusammengekommen sei, könnte durchaus der Wahrheit entsprechen. So liegen mir Aufzeichnungen vor, in denen der Wert der einzelnen Gegenstände detailliert festgehalten ist. Außerdem sind mir drei Schweizer Nummernkonten bekannt, auf die das Geld überwiesen worden sein soll. Der Vollständigkeit halber will ich sie hier wiedergeben, obwohl Burrows seit Ende 1998 behauptet, dass auch diese Angaben von seinem Geschäftspartner Jack Ward gefälscht worden seien, »um seine Freunde damit zu beeindrucken«:

Jack Ward: 01-311-59-011
Norman Cullen: 01-000-58-001
Russell Burrows: 01-035-57-000
(Code Prefix 9162681)

Seltsamerweise haben sich die amerikanischen Behörden bislang nicht eingeschaltet. Dies, obwohl Hubbard die zuständigen Stellen mehrfach auf Burrows' Aktivitäten aufmerksam gemacht hat. Auch Amerikas Archäologen sehen offenbar keinen Anlass, gegen Russell Burrows vorzugehen. Zwar stellte Thomas Emerson, Chefarchäologe der Illinois Historic Preservation Agency, in einem Schreiben klar, dass sich Burrows strafbar mache, falls er die Grabstätte tatsächlich plündere, gleichzeitig ließ er aber durchblicken, dass er nicht an die Existenz der geheimnisvollen Höhlenwelt glaube.

Den vermeintlichen Schlusspunkt unter seine Geschichte setzte Russell Burrows im Januar 1998. Via Internet informierte er die Öffentlichkeit darüber, dass der Anwalt, der das »Neff«-Grundstück heute verwalte, den

Abb. 79: Objekte dieser Art darf es laut gängiger Auffassung eigentlich gar nicht geben ...

Standort des Höhlensystems einem Anthropologen offen gelegt habe. »Alle weiteren Schritte und Entscheidungen – so wurde mir mitgeteilt – fallen jetzt in dessen Zuständigkeitsbereich. Um wen es sich dabei handelt, weiß ich nicht.« Mit der Untersuchung des Höhlensystems werde demnächst begonnen. Burrows: »Ich selbst habe ab sofort nichts mehr mit der ganzen Sache zu tun.«

Seither überschlagen sich die Ereignisse. So versprachen Wayne May (»Ancient American«) und Filmemacher Ralph Wolak dem Entdecker eine größere Stange Geld, falls er ihnen endlich die exakte Lage des Höhleneingangs preisgebe. Burrows war damit einverstanden. Er unterzeichnete eine Vereinbarung, erhielt 5000 US-Dollar in die

III   Geheimnisvolle Monumente

Abb. 80: Echt oder falsch? Die Kontroverse um das Höhlensystem will kein Ende nehmen.

Hand gedrückt und führte die beiden 1999 samt einigen Begleitern ins Gelände.

Eine Finte, wie sich später herausstellen sollte: Kaum hatte Burrows dem Team um May nämlich den vermeintlichen Ort gezeigt, machte er sich unter einem Vorwand aus dem Staub. Ratlos beriet die Gruppe, was nun zu unternehmen sei. Also spürte man den Eigentümer auf, dem die Landparzelle gehörte. Als sie dort ankamen, klingelte bereits das Telefon. Der Anrufer war niemand anderer als Burrows. Mit einem harschen Wortschwall diskreditierte er Mays Team und riet dem verdutzten Landbesitzer, sie unter keinen Umständen auf seinem Gebiet graben

Abb. 81: Viele der Objekte weisen stilistische Einflüsse unterschiedlichster Kulturen auf.

zu lassen. Der aber ließ sich davon nicht beirren und schloss mit den Gästen eine Grabungsvereinbarung ab.

Seither wimmelt es auf dem Gelände von Abenteurern und Hobbygräbern. »Nach 42 Monaten mühseliger Vorbereitungszeit« sei man nun endlich so weit, die Öffnung und Erforschung der Höhle voranzutreiben, verkündete Wayne May gegen Ende 2001 euphorisch. »Überraschenderweise ist der Eingang mittlerweile komplett eingestürzt, wie wir feststellen mussten. Ebenso überrascht hat uns allerdings auch ein neues Statement von Burrows. Er behauptet mittlerweile, dass die von uns entdeckte unterirdische Anlage nichts mit ›seinem‹ Höhlensystem

III Geheimnisvolle Monumente

Abb. 82: Steine dieser Art verunsichern viele Gelehrte – also wird gar nicht erst darüber diskutiert.

zu tun habe. Das liege nämlich über 40 Meilen entfernt davon.«

»Stimmt!«, bestätigte mir Burrows. »May und Wolak versuchten, mich auszutricksen. Also bin ich ihnen zuvorgekommen. Wolak gab sich anfänglich als Filmproduzent aus – in Wirklichkeit ist er aber nur ein ruchloser Schatzsucher.«

Ob das der Wahrheit entspricht, ist zweifelhaft. Mays Leute sind jedenfalls davon überzeugt, eine größere unterirdische Anlage aufgespürt zu haben. Ihren Angaben zufolge sollen sich darin Kupfer oder Gold befinden. Das

Abb. 83: Wer gestaltete all die Steine? Zu welchem Zweck? Und in welcher Zeitepoche?

hätten Bodenradar- und Metalldetektor-Untersuchungen ergeben.

Parallel dazu unternimmt Russell Burrows alles, um die Verwirrung perfekt zu machen. Das wirkliche Höhlensystem sei bereits am 14. Mai 2000 unter strenger Geheimhaltung von besagtem Anthropologen geöffnet und untersucht worden, ließ er in der Fachpresse mittlerweile verlauten. »Mit Hilfe eines riesigen Bulldozer und rund zwanzig Arbeitern wurde der 1989 von mir versiegelte Eingang freigelegt. Der Zustand der Höhle war noch in etwa der gleiche wie damals. Laut dem zuständigen Anthropologen will man sich unverzüglich an die Dokumentation und Erforschung aller Fundstücke machen. Die Öffentlichkeit würde zu einem späteren Zeitpunkt ausführlich informiert.«

Kaum jemand, der Burrows diese Aussage vorbehaltlos abnimmt. Zu offensichtlich, dass ihm derzeit viel daran gelegen scheint, falsche Fährten zu legen. Ob er nach Mays Grabungen kalte Füße bekommen hat? Die Justiz jedenfalls hat er damit vorläufig in der Tasche. Sie hält ihn für einen harmlosen Spinner. Und harmlose Spinner plündern keine Gräber. Sie schmelzen auch keine Goldschätze ein. Also spart man sich die Mühe zu überprüfen, ob sich der Amerikaner tatsächlich bereichert hat.

Zurück bleiben Tausende von gravierten Steinen und unzählige Goldduplikate. Längst sind sie in alle Winde verstreut. Ein Großteil davon befindet sich inzwischen in den Händen von privaten Sammlern, welche die Kleinode unter der Hand ergatterten. Weitere Objekte werden bei Auktionen öffentlich feilgeboten. Mir graut schon jetzt vor der Vorstellung, mit welch harschen Worten das wissenschaftliche Trauerspiel um »Burrows Cave« in den Geschichtsbüchern unserer Nachkommen dereinst kommentiert wird!

17 5000 Jahre alte Abschussrampe?

Chinesische Expedition erforscht seltsame Pyramide

Ein Blick ins Archiv genügt, um den Wissenschaftsjournalisten der Vergangenheit den Kopf zu waschen. Pressesprechern gleich verteufelten sie jahrzehntelang alles, was der akademischen Gemeinde missfiel. Statt Geschichte(n) zu schreiben, dokumentierten sie, was ihnen von der Elite diktiert wurde. Eine Heerschar schüchterner Gehilfen, die um die Wette schwiegen.

Doch die Zeiten ändern sich. Und mit ihnen die Medien. Was früher tabu war, stößt heute auch in den Sitzungszimmern renommierter Nachrichtenfabriken auf Akzeptanz.

So ließ es sich selbst der »Spiegel« in seiner Onlineausgabe vom 8. Juli 2002 nicht nehmen, über eine aufsehenerregende Expedition in der chinesischen Provinz Qinghai zu berichten. »Forscher inspizieren UFO-Startrampe« titelten die Meinungsmacher reichlich verwegen. Dies, nachdem kurz zuvor bereits die News-Koryphäen des amerikanischen Nachrichtensenders CNN ähnliches vermeldet hatten.

Eine pyramidenförmige Erhebung soll in Qinghai einst Außerirdischen als Startrampe gedient haben, wussten die Journalisten zu berichten. Entsprechende Vermutungen der Einheimischen sind laut »Spiegel« offenbar durchaus ernst zu nehmen: »Die auf dem Berg Baigong stehende Struktur hat drei Höhlen mit dreieckigen Öffnungen und enthält angeblich rot gefärbte Röhren. Rostiger Schrott, ungewöhnlich geformte Steine und Rohre, die in den Berg und einen nahen Salzwassersee führen, sollen in der Nähe liegen. Mysteriös genug, um selbst Wissenschaftler ins Alien-Fieber zu versetzen.«

Die Meldung geht zurück auf einen längeren Bericht der renommierten chinesischen Nachrichtenagentur Xinhua vom 19. Juni 2002. Neun Wissenschaftler würden sich demnächst in die Provinz Qinghai aufmachen, heißt es darin. »Es ist dies das erste Mal, dass Forscher die mysteriöse Stätte einer seriösen Untersuchung unterziehen.«

Aufgestöbert wurde die seltsame Struktur auf dem Berg Baigong, 40 Kilometer südwestlich der Stadt Delingha. Zwei Seen befinden sich dort. Einer mit Süßwasser und einer mit Salzwasser. Das pyramidenförmige Bauwerk erhebt sich südlich des letzteren und soll rund 50 bis 60 Meter hoch sein.

Zwei der drei dreieckigen Höhleneingänge an seiner Außenseite sind mittlerweile verschüttet und unzugänglich. Der größte in der Mitte aber ist nach wie vor intakt. Er thront einige Meter über dem Erdboden. Überall befinden sich Röhren, wie die chinesische Nachrichtenagentur zu berichten weiß. »Einige münden in den Berg, andere in den See.« Der Boden sei übersät mit rostigem Schrott.

Laut Qin Jianwen, Pressesprecher der Behörden von Delingha, wurden die Überreste von den Mitarbeitern einer lokalen Schmelzhütte analysiert. Resultat: Sie bestehen zu 30 Prozent aus Eisenoxid und weisen einen hohen Gehalt an Silikondioxid und Calciumoxid auf. Acht Prozent des Materials konnten nicht identifiziert werden. Liu Shaolin, der die Untersuchung leitete: »Die große Menge an Silikondioxid und Calciumoxid beruht auf der Interaktion von Sandstein und Eisen, was darauf schließen lässt, dass die Röhren sehr alt sein müssen.«

Wer die Stätte nicht mit eigenen Augen gesehen hat, werde der Geschichte wohl kaum Glauben schenken, ver-

17 5000 Jahre alte Abschussrampe?

Abb. 84: Luftbild aus Linzi, Provinz Shangdong (1975). Die Hügelgräber sind deutlich zu erkennen.

III Geheimnisvolle Monumente

Abb. 85: Einige der auf den Luftbildern abgebildeten Gräber sind heute leider bereits eingeebnet.

mutet Ye Zhou, Journalist bei den »Lanzhou Morning News«. Zhou hat den Ort persönlich in Augenschein genommen: »Es fällt schwer, der wissenschaftlichen Sprache treu zu bleiben, wenn man darüber spricht. Da liegen überall diese Eisenrohre, wohin man auch blickt ... Es ist richtig gruselig.«

Erstmals beschrieben wurde das sagenumwobene Monument 1998 von US-Wissenschaftlern, die in der Nähe nach Dinosaurierfußspuren Ausschau hielten. Sie informierten die Behörden von Delingha. Doch kaum jemand kümmerte sich darum – bis eine lokale Zeitung Wind davon bekam. Journalist Ye Zhou entschloss sich, die Geschichte aufzugreifen und auf eigene Faust mehr in Erfahrung zu bringen. Ein halbes Dutzend Untersuchungsberichte liegen von ihm und seinen Kollegen mittlerweile vor. »Wir haben darin alles festgehalten und beschrieben, wie wir es wahrgenommen haben.«

Für lokale Forscher dürften Zhous Berichte ein gefundenes Fressen sein. Noch ticken die Uhren in China allerdings langsamer. Kommt dazu, dass Zhou des Englischen nicht mächtig ist. Somit steht zu befürchten, dass es noch einige Zeit dauert, bis seine detaillierten Schilderungen auch westlichen Kreisen in schriftlicher Form vorliegen. Durchgedrungen ist bisher lediglich, dass das Monument nach neuesten Schätzungen rund 5000 Jahre alt sein soll.

70 Kilometer entfernt vom mysteriösen Bauwerk liegt das Radioteleskop des Purple Mountain Observatorium der Chinesischen Akademie der Wissenschaften. Und auch dort scheinen die Köpfe mittlerweile zu rauchen. So hält es selbst Yang Ji vom Observatorium durchaus für denkbar, dass die seltsame Struktur auf dem Berg Baigong Überreste nichtirdischen Ursprunges bergen könnte, wie er versichert. »Jetzt gilt es wissenschaftlich zu überprüfen, ob dies stimmt oder nicht.«

Recht hat er. Überhaupt ist es erstaunlich, wie aufgeschlossen und innovativ die Chinesen im Laufe der letzten Jahre geworden sind, was die Erforschung ihrer kulturellen Baudenkmäler und Gräber angeht. Noch vor wenigen Jahren konnte mir die chinesische Botschaft in der Schweiz lediglich Gerüchte bestätigen, wonach es in China etliche Pyramiden gebe. Lage und Größe der Bauwerke waren den Diplomaten damals völlig unbekannt!

Heute wissen wir durch Vorort- und Archivrecherchen verschiedener Forscher bestens Bescheid über eine ganze Reihe imposanter pyramidenähnlicher Grabhügel, die sich quer über das ganze Land verteilen. Jammerschade, dass viele von ihnen wissenschaftlich nur dürftig erforscht, geschweige denn sauber dokumentiert sind.

Volle vier Jahre benötigte etwa der Berliner Historiker Jörg Dendl, um das Rätsel einer sagenhaften »Riesenpyramide« bei Xian, der Hauptstadt der Provinz Shaanxi, zu lüften. In seiner blitzsauberen Recherche in der deutschen Fachzeitschrift »Sokar« beweist Dendl schlüssig, dass die seit Jahrzehnten in der Populärliteratur kursierenden Gerüchte um das seltsame Bauwerk einen wahren Kern besitzen. So berichtete die »New York Times« bereits am 28. März 1947 über die Beobachtungen und Fotografien des amerikanischen Fliegers Colonel Sheahan. 300 Meter hoch sei das von ihm geblitzte Riesending, schätze der wagemutige Pilot großzügig. Zahlreiche kleinere Grabhügel befänden sich in dessen näheren Umgebung.

Im »American Weekly« vom 13. Juli 1947 fand Dendl weitere Indizien. Gezeichnet hatte den Artikel Phyllis Ackerman, die Ehefrau von Arthur Upham Pope. Der Experte für persische Kunst war damals Direktor des Asia Institute. Ackerman wies ebenfalls auf das Luftbild der großen Shaanxi-Pyramide von Colonel Sheahan hin. (Wie

17 5000 Jahre alte Abschussrampe?

Abb. 86: Weitere Luftaufnahme der Hügelgräber des Qi-Staates der Zhou-Dynastie.

sich später herausstellen sollte, wurde das Bauwerk in den 30er Jahren auch vom deutschen Flugpionier Wulf Diether Graf zu Castell abgelichtet.)

»Es bleibt noch die Frage zu betrachten, ob das fotografierte Bauwerk tatsächlich die behauptete Höhe haben kann«, schreibt Jörg Dendl. Vergleiche mit den auf dem Bild festgehaltenen umliegenden Strukturen lassen ihn zum Schluss kommen, dass die Pyramide auf dem Foto keinesfalls 300 Meter hoch ist. Konsequenz: Beim geheimnisumwitterten Bauwerk dürfte es sich um eine der mittlerweile bekannten pyramidalen Grabstätten im Tal des Wie-Flusses bei Xian handeln.

III   Geheimnisvolle Monumente

Dendl: »So stellt sich die weitere Frage, welche der bekannten Pyramiden von Xian das Foto wohl zeigt. Die wenigen Fotografien, die in den vergangenen Jahrzehnten publiziert wurden, lassen eine zweifelsfreie Zuordnung nicht zu. Die eindeutige Identifizierung wird nur vor Ort möglich sein. Neue Luftbilder der Pyramiden von Xian werden sicherlich weiterhelfen.«

Ein Fall für die Ruhr-Universität in Bochum. Ihr gehört ein besonderes Kränzchen gewunden. Denn sie hat es sich zum Ziel gesetzt, Chinas archäologisches Erbe vor dem Untergang zu retten. Intensiv haben die Bochumer Wissenschaftler in jüngster Zeit an der Kartographierung bereits vergessener Bauwerke getüftelt. Mit Hilfe Hunderter von Luftaufnahmen japanischer und amerikanischer Militärpiloten aus den 30er, 40er und 50er Jahren gelang es ihnen unter anderem, östlich der Stadt Pingling ein pyra-

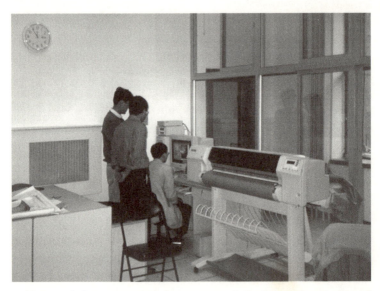

Abb. 87: Blick ins neue Forschungszentrum für Fernerkundung und Luftbildarchäologie in Peking.

midenförmiges Monument mit einem Umfang von 180 Metern zu lokalisieren. Das Grabmal soll der berühmten Han-Dynastie (206 v. Chr.–220 n. Chr.) angehören.

Professor Volker Pingel und Dr. Baoquan Song, welche die Untersuchungen leiteten: »Bei einer Geländebegehung wurde festgestellt, dass die einheimischen Bauern Erde von der Süd- und Ostseite der großen Grabanlage holen und etwa ein Fünftel davon bereits abgetragen wurde. Auf den umliegenden Feldern lassen die Luftbilder noch kleinere Grabhügel erkennen, die heute nicht mehr erhalten sind.«

Aber auch in anderen Gebieten ist der Zerstörungszustand bereits weiter fortgeschritten als befürchtet. So ist etwa die Stadtmauer von Yixing aus der Ming-Zeit (1368–1644 n. Chr.), die auf den Aufnahmen dokumentiert ist, heute spurlos verschwunden.

Pingels ernüchterndes Fazit: »Nach der Auswertung der Daten von 1938 waren noch fast 2900 archäologische Geländeobjekte auf den Bildern sichtbar, wobei es sich neben einigen alten Stadtbefestigungen hauptsächlich um Grabhügel handelte. Auf den Fotos von 1975 sind nur noch 445 davon erkennbar. Eine Überprüfung des Geländes vor Ort im Jahr 1999 ergab, dass insgesamt nur noch knapp 150 Anlagen erhalten sind.« Ursache dafür sind nach Meinung der beiden Forscher Faktoren wie Überackerung, Materialentnahme und Überbauung.

Das Resultat ihrer Arbeit kann sich auf jeden Fall sehen lassen: Es liegt mittlerweile in Form eines prächtigen Luftbildatlasses vor. 650 Luftbilder wurden dafür ausgewertet. Das dokumentierte, rund 500 Quadratkilometer große Gebiet umfasst die Umgebung der alten Hauptstadt des Qi-Staates (9.–3. Jahrhundert v. Chr.), das heutige Linzi. Parallel dazu riefen die beiden Wissenschaftler mit Hilfe chinesischer Forscher im Nationalmuseum für Chinesische Geschichte in Peking 1997 ein Forschungszentrum für Fernerkundung und Luftbildarchäologie ins Leben – mit dem Ziel, das Bewusstsein der Chinesen für die Vergänglichkeit ihrer Vergangenheit zu schärfen.

Bleibt zu hoffen, dass auch das mysteriöse Bauwerk am Berg Baigong demnächst fotografisch dokumentiert wird, ehe es irgendwann auf Nimmerwiedersehen von unserem Erdball verschwindet. Baoquan Song von der Bochumer Ruhr-Universität jedenfalls will der Entdeckung im Rahmen seiner Forschungen gelegentlich nachgehen, wie er mir versprach.

18 Heiligtum der Superlative

Deutsche graben ältesten Tempel der Welt aus

Göbekli Tepe war in unserer Geschichtsschreibung nicht vorgesehen. Vor 11 000 Jahren wurde dort, auf einer Anhöhe in der heutigen Südosttürkei, ein kürzlich entdeckter Tempelbau aus dem Boden gestampft. Die megalithischen Kreisanlagen stellen alles in den Schatten, was wir über unsere Vergangenheit zu wissen glaubten. Ein Monument der Superlative. Aus einer Zeit, als die letzte Eiszeit gerade zu Ende gegangen war. 6000 Jahre vor dem Bau der ägyptischen Pyramiden. Errichtet von Jägern und Sammlern, die noch nicht einmal den Ackerbau kannten. Von Viehzucht und Töpferei ganz zu schweigen.

Dutzende, bis zu sechs Meter hohe T-Pfeiler ragen auf dem Göbekli Tepe gen Himmel – allesamt jeweils aus einem Stück aus Kalkstein gemeißelt. Manche von ihnen wiegen bis zu 50 Tonnen. Umgeben von Mauerresten, sind sie mit kunstvollen Reliefs verziert. Tiere aller Art wurden auf diese Weise verewigt.

Welche Muskelprotze die gewaltigen Stelen nordöstlich der heutigen Stadt Sanliurfa einst mit primitiven Steinzeitgeräten aus dem Felsen schlugen und unter Höllenqualen aufrichteten, bleibt ein Rätsel. Sicher ist, dass die Schwarzeneggers der Vergangenheit weit mehr Grips besessen haben müssen, als wir ihnen heute zubilligen. Was sie zu ihrem Tun animierte, ist ebenfalls unklar. Denn auf dem Göbekli Tepe gab es keine Stadt. Siedlungsspuren von Wohnbauten fehlen. Wasser sucht man dort oben vergeblich.

III Geheimnisvolle Monumente

Abb. 88: »Es gibt nichts Vergleichbares«: Die monumentale Anlage auf dem Göbekli Tepe.

Vor 9500 Jahren schließlich geschah das Unfassbare: Aus unerfindlichen Gründen schütteten die steinzeitlichen Superarchitekten ihre Prachtanlage wieder zu. Minutiös sorgten sie dafür, dass alles verborgen blieb und machten sich aus dem Staub. »Über Nacht« nahm die Erde in Besitz, was zuvor jahrzehntelang erschaffen worden war. Ein Begräbnis der Sonderklasse.

Dr. Klaus Schmidt vom Deutschen Archäologischen Institut (DAI) in Berlin hat die »dankbare« Aufgabe, all diese Rätsel in Zusammenarbeit mit dem Museum Sanliurfa zu lösen. Auf ihre Spur gelockt hatten ihn Berichte der Universitäten von Istanbul und Chicago aus den 60er Jahren. Mitte der 90er Jahre ließ er auf der Anhöhe bei Sanliurfa den Spaten ansetzen. Seither kommt er aus dem Staunen nicht mehr heraus. Schmidt: »Es gibt in der menschlichen Geschichte nichts Vergleichbares.«

Auch bei seinen Wissenschaftlerkollegen herrscht mittlerweile Aufbruchstimmung. »Die Reliefs eröffnen den Blick auf eine Bildersprache, deren Ausdeutung zusammen mit der Gesamtbewertung der Befunde noch manch kontroversen Gelehrtendiskurs nähren wird«, prophezeit das DAI auf seiner Homepage. »Deutlich ist schon jetzt, dass die frühesten bislang fassbaren Architekturformen keinesfalls klein und unscheinbar, sondern in unerwartet monumentaler Ausgestaltung erscheinen.«

Unmittelbar vor einer nächsten Grabungsetappe gelang es mir, Klaus Schmidt einige aktuelle Informationen zu entlocken. 25 monolithische Pfeiler konnten seinen Angaben gemäß bereits freigelegt werden. »Erst zwei kennen wir wirklich auf ganzer Höhe über dem Fußboden. Das sind aber sicher nicht die größten.« 7,2 Tonnen dürften sie schwer sein. »Ein Pfeiler, noch in Steinbruchlage, nicht entnommen und verbaut, wiegt rund 50 Tonnen.«

III Geheimnisvolle Monumente

Abb. 89: Die Pfeiler stellen alles auf den Kopf, was wir über unsere Herkunft zu wissen glaubten.

18 Heiligtum der Superlative

Abb. 90: Welche Muskelprotze richteten die bis zu 50 Tonnen schweren Steine auf?

Ob die monumentale Anlage tatsächlich Schauplatz eines Totenkults war, wie der deutsche Forscher vermutet, ist ungeklärt. Menschenknochen wurden auf dem Göbekli Tepe bislang jedenfalls keine ausgebuddelt. Schmidt: »Totenkult ist eine aufgrund eines anderen Grabungsortes erstellte Hypothese, die es noch zu verifizieren gilt. Wir erwarten Bestattungen unter den Fußböden der Kreisanlagen, haben hier aber mit Absicht noch nicht gegraben.«

Auf die Frage, ob die Finanzierung des Ausgrabungsprojekts langfristig überhaupt gesichert sei, zuckt der Archäologe die Achseln: »Na ja, es geht. Das DAI tut, was es kann. Das Projekt könnte allerdings wesentlich mehr an Finanzierung vertragen. Vor allem stehen wir, was die notwendigen Schutzmaßnahmen der Funde angeht, jedes Mal vor einem neuen Finanzloch, da wir über die Grabungsflächen jeweils schwere, aber temporäre Eisenschutzdächer bauen.«

Was die Erkenntnisse vom Göbekli Tepe in Bezug auf die weltweit vorhandenen monumentalen Megalithsteindenkmäler bedeuten, will ich abschließend wissen. »Megalithik ist phänomenologisch nichts Besonderes«, winkt Schmidt ab. Und fügt bescheiden an: »Nur dass unsere Anlagen mit Abstand die ältesten sind.«

19 »Eldorado existiert tatsächlich!«

Neu entdecktes Vatikan-Dokument
erzählt von Inka-Goldstadt

Paititi hat immer Saison. Zahlreiche Weltenbummler führte es in die Irre. Andere trieb es in den Wahnsinn. Millionen von US-Dollar wurden für seine Suche auf dem südamerikanischen Kontinent bereits verprasst. Und die Zahl derer, die von ihrer Suche nie mehr zurückkehrten, wächst.

Noch ist Paititi nur eine Legende. Doch das könnte sich bald ändern. Denn die Hinweise auf das sagenhafte Goldland »Eldorado«, wie es von den spanischen Eroberern genannt wurde, mehren sich. Gemäß einem kürzlich entdeckten jahrhundertealten jesuitischen Manuskript des Vatikans soll es sich am Rio Madre de Dios im Südosten von Peru befunden haben. Dies behauptet der renommierte italienische Archäologe Professor Mario Polia, der an der Pontificia Universidad Catolica del Peru in Lima unterrichtet.

»Paititi ist kein Mythos«, betont Polia. »Es existierte tatsächlich. Jesuitenmissionare unter Pater Andrea Lopez entdeckten es Ende des 16. Jahrhunderts. Sie bekehrten den König und seinen Hof.« Das mysteriöse Dokument sei Teil der »Peruana Historia« und befände sich heute in den Archiven des Vatikans. Paititi werde darin als »äußerst wohlhabende Stadt voller Gold, Silber und kostbarer Steine« beschrieben. Die Missionare sollen auf Geheiß des Vatikans gehandelt und den Ort der Goldstadt auf Wunsch des Papstes geheim gehalten haben.

In Jesuitenkreisen werden Polias Äußerungen mit vornehmer Zurückhaltung kommentiert. Das gehört sich so.

III Geheimnisvolle Monumente

Nach Meinung von Pater Martin Morales vom Jesuit Historical Institute in Rom beweise das undatierte und unsignierte Dokument zumindest, dass der Mythos von Eldorado bereits die Europäer des 16. und 17. Jahrhunderts faszinierte.

Das Papier erzählt laut Morales von einem »Kruzifix-Wunder«, das den Herrscher von Paititi nach Cuzco trieb, wo er sich von Jesuitenpater Andrea Lopez bekehren ließ. Der König lud den Missionar anschließend nach Paititi ein, das zehn Tagesreisen entfernt lag. Gleichzeitig versprach er, dort eine goldene Kirche zu errichten. Ob Lopez der Einladung des Königs Folge leistete, verschweigt uns die Überlieferung.

Dass Lopez Paititi in seinen offiziellen Jahresrapporten an Rom nicht erwähne, sei jedenfalls merkwürdig, findet Pater Morales. Interessanterweise stellt er aber trotz seiner kritischen Anmerkungen die Authentizität des Dokuments nicht in Frage. Seiner Meinung nach wurde es um 1650 von einem italienischen Jesuit in Rom zu Papier gebracht – rund 75 Jahre nach dem Tod von Pater Lopez.

Die unergründlichen Archive der Jesuiten bergen sogar noch mehr »Schätze«, wie Morales betont. Lopez' Vorgänger beispielsweise, Pater Diego Samaniego, erwähnt die geheimnisvolle Goldstadt 1585 ebenfalls. Seiner Schilderung zufolge soll sich Paititi irgendwo in der Region von Santa Cruz, im heutigen Bolivien befinden.

Weitere historische Dokumente lokalisieren die mysteriöse Stadt in Kolumbien oder Paraguay. Und so wimmelt es derzeit nur so von Abenteurern, Schatzsuchern und Weltenbummlern, die sich in das unendliche Dickicht Südamerikas vorwagen, um zu finden, was dort versteckt liegen soll. Gold hat der Menschheit seit jeher die Augen verdreht.

19 »Eldorado existiert tatsächlich!«

Gute Karten scheint derzeit vor allem Jacek Palkiewicz zu haben. Der polnische Forscher machte sich 1996 einen Namen, als er in Peru die Quelle des Amazonas entdeckte – 1000 Kilometer südlich von Lima in einer unterirdischen Gletscherkluft. Jetzt stöbert auch er im Dschungel nach Paititi – unterstützt von Archäologen und Soldaten der peruanischen Armee. Offenbar mit Erfolg.

»Der Schatz von Eldorado könnte sich in einem unterirdischen Tunnel- und Höhlensystem, auf dem Grund eines Sees im peruanischen Amazonas befinden«, spekuliert Palkiewicz. Nach zahlreichen Expeditionen will er ein völlig überwuchertes Plateau mit einem See und bislang unbekannten Gebäuden entdeckt haben. »Bodenradarmessungen bestätigten uns die Existenz eines verwinkelten Unterwasserlabyrinths. Ein idealer Platz, um den Inkaschatz vor den spanischen Eroberern zu verstecken.«

Noch teilen nicht alle Paititi-Forscher Palkiewicz' Optimismus. Der Bostoner Anthropologe Gregory Deyermenjian etwa mahnt zur Vorsicht: »Die Idee einer Unterwasserstadt klingt zwar sehr romantisch – aber nicht gerade realistisch.« Deyermenjian weiß, wovon er spricht. Auch er hat bereits zahlreiche waghalsige Südamerika-Expeditionen hinter sich.

Seine bekannteste führte ihn auf die Hochebene von Pantiacolla im südöstlichen Teil Perus. Eine NASA-Satellitenaufnahme zeigte dort acht bis zehn symmetrisch angeordnete Hügel. Natürliche geologische Strukturen oder künstliche Bauwerke? Die Experten waren sich uneinig. Mehrere Expeditionen scheiterten, denn der Komplex befindet sich in einer der undurchdringlichsten Zonen des peruanischen Dschungels.

1996 versuchte Deyermenjian selbst sein Glück. Zusammen mit einigen peruanischen Begleitern und der

Hilfe der lokalen Machiguenga-Indianer brach er am 13. August von Cuzco auf, um sich zu Fuß bis zu den seltsam angeordneten Objekten vorzukämpfen. Kompliziert wurde das Unternehmen durch massive Regenfälle und Unmengen von Insekten, die den Teilnehmern das Leben schwer machten.

Nach tagelangen Fußmärschen erreichten die Abenteurer endlich ihr Ziel. Müde und ausgepumpt erklommen sie einen der gewaltigen Hügel. »Er bestand aus rauem, erodiertem Sandstein«, hält Deyermenjian fest. »Ganz offensichtlich war er nicht von Menschenhand bearbeitet worden.«

Jacek Palkiewicz lässt sich von derlei Fehlschlägen nicht entmutigen. Mit einem Budget von über einer Million US-Dollar und zahlreichen Helfern will er »seiner« Fundstelle am Amazonas jetzt auf den Leib rücken. »Ich bin nicht vom Gold besessen«, entgegnet er seinen Kritikern mit funkelnden Augen. »Meine Absichten sind rein wissenschaftlicher Natur. Meine Hoffnung besteht darin, ein für alle Mal beweisen zu können, dass der Mythos von Eldorado auf einer Realität beruht.«

20 Mysteriöses Sternentor

Steht in den Anden die Pforte
zu einer anderen Welt?

Mitte der 90er Jahre stand es plötzlich da. Wie aus dem Nichts. Als ob es jemand über Nacht auf unsere Welt gezaubert hätte. Obwohl für jedermann unübersehbar, ist die »Puerta de Hayu Marca« bislang in keinem offiziellen Reiseführer verzeichnet.

Die rätselhafte monolithische Struktur erhebt sich 35 Kilometer entfernt von der Stadt Puna am Titicacasee im südamerikanischen Peru. Sie ist 16 Meter lang und 6,5 Meter hoch. Noch wird das imposante »Felsentor« unter der Hand als Geheimtipp gehandelt. Die Archäologen ließen es bislang links liegen. Die meisten von ihnen wissen nicht einmal von seiner Existenz.

Trotz intensiver Suche gelang es mir nicht, irgendwelche gesicherten Informationen darüber ausfindig zu machen: Tatsächlich liegt die »Puerta de Hayu Marca« in der wissenschaftlichen Grauzone. Umgeben von weltberühmten Monumenten, bildet sie einen weißen Fleck auf den Karten unserer Archäologen.

Grund genug, für meinen Schweizer Kollegen Valentin Nussbaumer, der Sache vor Ort nachzugehen. Zusammen mit seinem Freund Ivan Bonetti pilgerte er im Oktober 1998 in die Anden. Und kam aus dem Staunen nicht mehr heraus: »Das riesige ›Tor‹ wurde in exakter Steinbearbeitung in eine natürliche, sieben Meter hohe Felsfront geschlagen – oder besser: Wie mit dem Käsemesser herausgeschnitten!«, berichtet er ehrfürchtig. »Diese Fläche ist nach Osten hin orientiert. Die gesamte Formation befindet sich unweit der Straße nach Copacabana/La Paz. Im

III Geheimnisvolle Monumente

Abb. 91: Mystischer Ort der Extraklasse: Wanderten hier einst Priester durch den Stein?

Abb. 92: Weißer Fleck auf der Karte der Archäologen: Das »Sternentor« in seiner voller Breite.

Zentrum der Formation, am Fuße der Tür, fanden wir einen zweiten, tieferen Einschnitt, der knapp zwei Meter hoch, etwa einen halben Meter tief und einen Meter breit ist. Bedeutung: unbekannt. Was wohl die Archäologen dazu sagen würden?«

Die aber wissen nichts von ihrem Glück. Und so kassiert derzeit lediglich ein findiger Ortsvorsteher fleißig Geld von den wenigen Touristen, die sich zur »Puerta« verirren, um die Stätte für Besucher aus aller Welt attraktiver zu machen. Südamerikaner hatten schon immer eine Nase fürs Geschäft.

Dass wir heute von dem eindrücklichen »Tor« wissen, ist vor allem dem Journalisten Paul Damon zuzuschrei-

III   Geheimnisvolle Monumente

Abb. 93: Andere Perspektive: Blick von der Seite auf den oberen Teil des »Sternentors«.

ben. Nach eingehenden Recherchen verfasste er 1996 einen Bericht für die britische »Truth Seekers International Review«, der internationale Beachtung fand. Darin weist er auf den lokalen Touristenführer Jose Luis Delgado Mamani hin, der das »Tor« entdeckt haben will.

»Als ich die Struktur zum ersten Mal sah, konnte ich es nicht fassen«, berichtete Mamani gegenüber lokalen Journalisten. »Ich träumte im Laufe der Jahre immer wieder von einer derartigen Struktur. Doch in meinen Träumen war der Weg zum Tor mit rosarotem Marmor gepflastert. Statuen säumten beide Seiten des Pfads. In meinem Traum war die kleine Einlassung in der Mitte geöffnet: Ein helles blaues Licht ergoss sich daraus und gab den Blick auf eine

20 Mysteriöses Sternentor

Abb. 94: »Vor dem Tor verlor ich das Bewusstsein und wurde innerlich von hellem Licht erleuchtet.«

Art Tunnel frei. Ich habe mich mit meiner Familie immer wieder über diesen Traum unterhalten, und als ich das Tor schlussendlich fand, empfand ich es wie eine göttliche Offenbarung ...«

Mamanis Vision kam nicht von ungefähr: Tatsächlich ranken sich um die geheimnisvolle »Puerta« in Peru zahlreiche lokale Überlieferungen und Legenden, wie Paul Damon herausfand. Eine davon handelt von der Zeit, als die spanischen Conquistadores Peru eroberten und den Indios ihr Gold abspenstig machten. Dem Inkapriester Aramu Muru vom »Tempel der sieben Strahlen« des sagenumwobenen Kontinents Mu sei damals die Flucht geglückt, erzählen sich die Indios. Vor dem Portal habe er

213

eine goldene Scheibe gezückt – der »Schlüssel zu den Göttern der sieben Strahlen« – und damit flugs das Tor »geöffnet«. Die Scheibe drückte er seinen verdutzten Leidensgenossen in die Hand und verschwand durch die mysteriöse Öffnung auf Nimmerwiedersehen.

»Die Indios erzählen weiter, dass das Tor jene Stelle wäre, von der aus die Götter eines Tages wieder zu ihnen zurückkehren würden«, erfuhr mein Schweizer Kollege Valentin Nussbaumer. Und räumt ein, dass ihn bei dieser Vorstellung ein unheimliches Gefühl beschlichen habe: »Standen wir an einem solchen Ort? Hatten wir etwas übersehen? Im Boden, im Fels, in der Umgebung?«

Medial veranlagten Menschen fällt es offenbar leichter, »Zugang« zum Portal zu erhalten. So erzählt etwa die Reiseführerin Andrea Mikana-Pinkham von »Soluna Tours« von überwältigenden Visionen, die sich beim Tor ihrer Sinne bemächtigt hätten. »Ich verlor das Körperbewusstsein und wurde innerlich von hellem Licht erleuchtet.« Von Kopf bis Fuß habe sie Liebe erfüllt. Seltsame Stimmen hätten zu ihr gesprochen.

Mag sein, dass der Frau ihre lebhafte Fantasie einen Streich gespielt hat. Doch auch andere berichten von »berührenden« Erfahrungen vor der »Puerta«. Der amerikanische Heiler Jerry Wills etwa. Auf den Knien sitzend habe er jedes Gefühl für Raum und Zeit verloren. Für einen Moment sei er sogar regelrecht »verschwunden«, behauptet er. Und so mag sein, was sein soll.

Bleibt zu hoffen, dass sich nach den Amateuren bald auch Profis der imposanten Struktur widmen. Und uns endlich mit den Daten füttern, nach denen wir schon lange hungern. Eine archäologische Expedition wäre dringend vonnöten.

21 Prähistorisches Observatorium

Sensationelle Entdeckung in Sachsen-Anhalt

Es hätte Markus Melzls Sternstunde werden können. Enthusiastisch weiß sich der Mediensprecher der Staatsanwaltschaft Basel-Stadt (Schweiz) jeweils in Szene zu setzen, wenn es um die wortgewaltige Kommunikation von Verbrechen aller Art geht. Doch Melzl war an jenem 27. Februar 2002 abwesend. Also sprang sein Stellvertreter Peter Gill in die Bresche. Und dessen »Medienmitteilung von archäologischem Kunstschatz« las sich alles andere als spektakulär:

»Aufgrund eines Rechtshilfeersuchens der Staatsanwaltschaft Halle/Sachsen-Anhalt konnten am 23. 2. 2002 in Basel eine 43-jährige deutsch-schweizerische Doppelbürgerin und ein 63-jähriger Deutscher festgenommen werden, welche versuchten, dem Landesarchäologen von Sachsen-Anhalt und verdeckten deutschen Ermittlern Kulturgut aus dem Bundesland Sachsen-Anhalt zu verkaufen.« Den entscheidenden Satz formulierte Gill erst später, gegenüber Journalisten der lokalen Tageszeitung »Baslerstab«: »Der deutsche Landesarchäologe sagte, es wäre, als hätte man eine zweite Mona Lisa entdeckt.«

Ein treffender Vergleich. Denn die beschlagnahmte »Bronzescheibe von Sangerhausen« lässt nicht nur die Archäologen staunen. 3600 Jahre ist sie alt, zwei Kilo schwer, gerade mal zwei Millimeter dünn. Auf ihrer Oberfläche findet sich die älteste Sternenkarte Europas. Kein Wunder, bezeichnen sie Fachleute mittlerweile als »einen der bedeutsamsten Schlüsselfunde zur alteuropäischen Kultur- und Geistesgeschichte«. Für andere gehört der Fund sogar zu den »zwanzig bedeutendsten Entdeckungen der Menschheit«.

Noch ist die Entdeckungsgeschichte nicht lückenlos dokumentierbar. Entgegen ursprünglichen Informationen stammt die Scheibe jedenfalls nicht aus Sangerhausen. Vielmehr wurde das bronzezeitliche Stück in einer 40 Kilometer entfernten Region von Sachsen-Anhalt ausgegraben – auf dem 252 Meter hohen Mittelberg im Ziegelrodaer Forst bei Nebra. Über 100 weitere archäologisch relevante Fundstücke kamen dort mittlerweile zum Vorschein.

Wie Landesarchäologe Harald Meller stolz verkünden konnte, handelt es sich beim Fundort um eine prähistorische Wallanlage. Für den Wissenschaftler ist klar: Beim von Holzpalisaden umzäunten Ort muss es sich einst um das »älteste astronomische Observatorium der Menschheitsgeschichte« gehandelt haben!

Die Bedeutung der kreisförmigen Anlage mit einem Durchmesser von 200 Metern vergleicht Meller mit dem englischen Stonehenge: »Bereits die Scheibe ist ein Jahrhundertfund. Dies ist die erste und einzige Darstellung des Kosmos im vorgeschichtlichen Europa. Die Anlage diente den Menschen zusammen mit der Scheibe zur Zeitbestimmung, was für die Aussaat und Ernte wichtig war. Hier konnten sie den Lauf der Sonne von der Winter- zur Sonnensommerwende genau bestimmen.«

Ins Schwärmen gerät beim Anblick des Fundstücks auch der Archäologe Wolfhard Schlosser von der Ruhr-Universität Bochum. »Die Scheibe ist eine Art Hubble-Weltraumteleskop in den frühzeitlichen Sternenhimmel!«, jubelt er. Schlosser will darauf den Herbsthimmel erkennen. Analog dazu könnte »noch eine zweite Sternenscheibe« mit der Frühjahreskonstellation existieren, spekuliert er.

21 Prähistorisches Observatorium

Abb. 95: »Als hätte man eine zweite Mona Lisa entdeckt...«: Sternenscheibe aus Sachsen-Anhalt.

Ausgebuddelt wurde die Sternenscheibe – zusammen mit zwei Schwertern, zwei Beilen, einem Meißel und einigen Ringen – um 1998 von zwei Männern, denen jetzt eine jahrelange Haftstrafe wegen Unterschlagung von Kulturgut droht. Über zahlreiche Mittelsmänner und Hehler kam es schließlich zum Treffen im Basler Hilton-Hotel am Bahnhof, wo die Scheibe für 350 000 Euro den Besitzer wechseln sollte. Doch der eingefädelte Deal flog auf: Bei den »Kaufinteressenten« handelte es sich zum Schreck der Hehler um einen verdeckten Ermittler der Basler Polizei sowie um den Landesarchäologen Harald Meller höchstpersönlich.

Erste Untersuchungen des vermeintlichen »Kultgegenstandes« zeigen, dass es mit der Sternenkarte auf seiner Oberfläche weitaus mehr auf sich haben könnte, als Laien anfänglich vermuteten: So interpretierte der Archäologe Jens May vom brandenburgischen Landesamt für Denkmalpflege die Darstellung auf der Bronzescheibe umgehend als den ältesten Mondphasenkalender, der je auf deutschem Gebiet ausgegraben wurde.

Zu fantasievoll, winkte man beim Planetarium des Deutschen Museums in München in der Folge ab. Nicht einen Mondkalender, sondern eine beeindruckende Darstellung des Himmels über Deutschland vom 7. März 1600 v. Chr. wollen die Sternengucker auf dem Fundstück erkennen. Eine Computersimulation scheint diese Vermutung zu nähren. Auch das ermittelte Alter der Scheibe deckt sich mit dieser Interpretation.

Mein deutscher Forscherkollege Sven Näther hat sich ebenfalls intensiv mit der Scheibe auseinander gesetzt. »Es ist klar erkennbar, dass sich nicht alle 29 ›Sterne‹ an den Punkten befinden, an denen sie ursprünglich vorgesehen waren«, hält er fest. »Die Archäologen fanden Markierungen, die als Vorlage für das Anbringen der Goldpunkte gedient haben mögen – nicht immer wurden diese Vorlagen exakt nachgearbeitet.«

Wie Näther weiter herausfand, wurde die Scheibe lange Zeit nach ihrer Herstellung gewaltsam gelocht. »Absichtlich herausgerissene Goldfragmente und ein ›Goldstern‹ lagen dem Schatzfund bei. Auch sie wurden auf einer Sonderausstellung im Landesmuseum für Vorgeschichte

21 Prähistorisches Observatorium

Abb. 96: Das Basler Hilton: Hier wurde die Scheibe sichergestellt.

in Halle gezeigt – aber nicht beschrieben. Dies erfuhr man nur durch Anfragen ...«

Laut dem Museum konnten die Restaurierungsarbeiten an der Sternenscheibe mittlerweile erfolgreich abgeschlossen werden. »Damit sind nun eingehende Untersuchungen zur Geschichte und Herstellungstechnik der Sternenscheibe möglich«, frohlocken die Forscher.

Parallel dazu soll das rekonstruierte »Observatorium« von Nebra nach Abschluss der Grabungsarbeiten zur Touristenattraktion aufgewertet werden. Und Besuchern aus aller Welt zeigen, wie hier vor 3600 Jahren bereits den Sternen gehuldigt wurde. Wer weiß, welch' fantastische Erkenntnisse uns die Scheibe in den nächsten Jahren noch bescheren wird?

22 Mumien im Grand Canyon?

Neue Hinweise auf geheime ägyptische Zitadelle

Halten amerikanische Wissenschaftler Fundstücke einer ägyptischen Grabkammer unter Verschluss? Die Kontroverse über eine angebliche Höhlenanlage im Grand-Canyon-Massiv spitzt sich zu. Brandaktuelle Entdeckungen scheinen die kuriose Geschichte jetzt zu untermauern.

Fest steht: Am 5. April 1909 berichtete die Zeitung »Phoenix Gazette« auf ihrer Frontseite ausführlich über ein gigantisches, in den Fels getriebenes Höhlensystem, das von einem gewissen G. E. Kinkaid entdeckt worden sein soll. Der Archäologe Professor S. A. Jordan von der renommierten Smithsonian Institution in Washington, so verkündete die Zeitung weiter, sei damit beauftragt worden, die Anlage zu erforschen. Hinweise auf das mysteriöse Höhlensystem finden sich in der Fachliteratur keine.

David Hatcher Childress vom »World Explorer Club« in Kempton (Illinois) wollte es genauer wissen. Telefonisch setzte er sich 1995 mit dem Smithsonian Institute in Verbindung, um die Hintergründe des damaligen Artikels zu eruieren: »Weder in Nord- noch in Südamerika seien je Spuren ägyptischer Natur gefunden worden, antwortete man mir. Ganz sicher habe Smithsonian also nie irgendwelche Ausgrabungen dieser Art geleitet. Auch von Kinkaid oder Jordan wollte in Washington niemand etwas wissen.«

Childress wurde misstrauisch: Immerhin wird Professor Jordan 1910 in den »Smithsonian Scientific Series« auf Seite 239 ausdrücklich erwähnt. Außerdem ist da noch die Landkarte, die Childress' Kollege Carl Hart in einer

Buchhandlung von Chicago in die Hände geriet. Verschiedene Orte auf der nördlichen Seite des Grand Canyon sind darauf mit ägyptischen und indischen Namen versehen. Weshalb? Gab es womöglich Verbindungen zwischen diesen Plätzen und dem Standort der vermeintlichen Fundstätte?

»Wir riefen einen staatlichen Archäologen an und fragten ihn nach den Gründen dafür«, berichtet Childress. »Er erklärte uns, die frühen Forscher hätten diese Namen eben einfach gemocht. Allerdings sei das betreffende Gebiet tatsächlich gesperrt – angeblich wegen der gefährlichen Höhlen.«

Seit ich vor einigen Jahren erstmals im deutschsprachigen Raum über Kinkaids Entdeckung berichtete, erreichen mich dazu immer wieder Briefe von engagierten Lesern. »Beim fraglichen Zeitungsbericht handelt es sich womöglich um einen verspäteten Aprilscherz«, mutmaßten einige, darunter auch ein Schweizer Historiker. Offensichtlich zu Unrecht – wie der Amerikaner Tyler Pauley mittlerweile herausfand. Mehrere Tage verbrachte er in Bibliothekssälen, wo er alle damaligen Zeitungen nach weiteren Hinweisen durchforstete.

Pauley wollte bereits ernüchtert aufgeben, als er in der »Arizona Gazette« vom 12. März 1909 endlich doch noch fündig wurde: In einem einspaltigen 20-Zeiler kündigten die Journalisten dort die Ankunft eines gewissen »G. E. Kincaid« in Yuma an, der »als zweiter Mensch überhaupt« den gesamten Coloradofluss mit einem Boot heruntergefahren sei. Kincaid, so wurde weitererzählt, habe eine spezielle Kameraausrüstung bei sich getragen und unterwegs »einige interessante archäologische Entdeckungen« gemacht. Der Trip sei derart spannend gewesen, dass er ihn im nächsten Winter zusammen mit einigen Freunden zu wiederholen gedenke.

Abb. 97: Blick in den Grand Canyon: Befindet sich hier irgendwo eine versteckte Grabanlage?

Zwei unabhängig voneinander verfasste Zeitungsberichte sind besser als einer. Und so machten sich Tyler Pauleys Forscherkollegen Greg und Sheri Nelson mit einem Fernsehteam von Fox auf den Weg, um Licht in die seltsame Angelegenheit zu bringen. Klarheit sollte eine Bootsfahrt durch den Canyon bringen, wie sie Touristen angeboten wird. Mit Argusaugen beobachteten Greg und Sheri Nelson dabei die steil ansteigenden Felswände, um sie nach den von Kinkaid beschriebenen Merkmalen abzusuchen. Mit Hilfe einer speziellen Karte gelang es den beiden später, das Gebiet einzugrenzen, in dem die mysteriöse Entdeckung vor rund hundert Jahren vonstatten gegangen sein sollte.

Jerry und Kathy Wills vom amerikanischen »Xpeditions Magazine.com« folgten ihren Spuren am 6. Oktober 2000. Die Erregung war groß, als ihr Team nach längerem Suchen eine Art Eingang in der gegenüberliegenden Felswand oberhalb der anderen Uferseite entdeckte. Der lang ersehnte Beweis für Kinkaids Bericht? Nach der anfänglichen Euphorie kehrte schnell Ernüchterung ein, wie die Amerikaner in ihrem Expeditionsprotokoll vermerken:

»Um dorthin zu gelangen, müssten wir den Canyon mit einem Boot durchqueren, dann am Strand unterhalb der Stelle anlegen – was uns die Behörden nie erlauben würden. Von unserer hohen Position aus konnten wir sogar einen Pfad erkennen, welcher zu der Höhle führte und einst benutzt worden sein muss. Wir konnten noch weitere Beweise orten – doch gleichzeitig stieg in uns dieses seltsame Gefühl auf, wenn man ganz nah dran ist und weiß, dass einem der Eintritt verwehrt bleibt.« Unverrichteter Dinge machte man sich auf den Heimweg. Zurück blieben eindrückliche Fotos und die Gewissheit, Kinkaids Höhle zumindest näher gekommen zu sein als alle anderen.

Damit sich der Leser selbst ein Bild über den kontroversen Artikel der »Phoenix Gazette« vom 5. April 1909 machen kann, gebe ich ihn hier in einer gekürzten und leicht bearbeiteten Übersetzung wieder:

»Die neuesten Nachrichten über den Fortschritt der Untersuchungen der nach Meinung der Wissenschaftler nicht nur ältesten archäologischen Entdeckung in den Vereinigten Staaten, sondern wohl auch wertvollsten in der ganzen Welt – wir haben darüber bereits vor einiger Zeit berichtet – wurden uns gestern von G. E. Kinkaid mitgeteilt. Kinkaid hat die große unterirdische Zitadelle im Grand Canyon entdeckt, als er vor einigen Monaten in einem Holzboot vom Green River (Wyoming) auf dem Colorado Richtung Yuma fuhr.

Nach seinen Angaben haben die Archäologen des Smithsonian Institutes, das die Untersuchungen finanziert, Entdeckungen gemacht, die fast sicher beweisen, dass das Volk, das diese mysteriösen, aus dem Fels gehauenen Höhlen einst bewohnte, orientalischer Natur sein dürfte, ja vielleicht sogar aus Ägypten stammt.

Falls sich diese Erkenntnisse aus der Übersetzung der mit Hieroglyphen versehenen Tafeln bestätigen lassen, dürfte das Geheimnis um die prähistorischen Bewohner Nordamerikas, ihre alten Künste, wer sie waren und woher sie kamen, gelöst werden. Ägypten und der Nil sowie Arizona und der Colorado würden dann durch ein historisches Band verbunden, das in Zeiten zurückreicht, welche selbst die wildesten Fantasien überträfen. Unter der Leitung von Professor S. A. Jordan führt das Smithsonian Institute gegenwärtig eine äußerst sorgfältige Untersuchung durch.

Die lange Hauptpassage, sie liegt rund 1480 Fuß unter der Oberfläche, wurde auf einer Länge von gut einer Meile erforscht. Dabei stieß man auf eine weitere Halle, von der weitere Gänge in alle Himmelsrichtungen wegführen, ähnlich den Speichen eines Rads.

Hunderte von Räumen wurden gefunden. Ebenso Artefakte, auf die man in unserem Land niemals zu stoßen erwartete. Unzweifelhaft stammen sie aus dem Orient: Kriegswaffen, Kupferinstrumente, scharf und hart wie Stahl, demonstrieren eindrücklich den hohen Zivilisationsgrad, den diese seltsamen Leute offenbar erreicht haben. Die Wissenschaftler sind derart fasziniert, dass sie jetzt Vorbereitungen treffen, das Camp für extensivere Studien auszurüsten. Die wissenschaftliche Belegschaft soll auf 30 bis 40 Personen erhöht werden.

III   Geheimnisvolle Monumente

Mr. Kinkaid war das erste weiße Kind, das in Idaho geboren wurde. Sein Leben lang war er Forscher und Jäger. Dreißig Jahre lang arbeitete er für das Smithsonian Institute. Die Geschichte seiner Entdeckung tönt ebenso fabulös wie grotesk: ›Zuerst möchte ich festhalten, dass die Anlage kaum zugänglich ist. Der Eingang liegt 1486 Fuß unterhalb des Canyonmassivs. Er befindet sich auf Staatsgebiet, und jedem Besucher ist es bei Strafe verboten, dorthin zu gelangen. Die Wissenschaftler möchten ungestört arbeiten, ohne fürchten zu müssen, dass die archäologische Stätte von Schaulustigen oder Grabräubern zerstört werden könnte. Ein Trip dorthin wäre also sinnlos.

Die Geschichte meiner Entdeckung wurde bereits erzählt. Kurz zusammengefasst: Ich reise in einem Boot den Colorado River hinunter. Ich war allein und suchte nach Mineralien. Nach 42 Meilen Fahrt vom El Tovar Crystal Canyon aus entdeckte ich an der östlichen Wand farbige Flecken in der Sedimentformation, 2000 Fuß oberhalb des Flussbettes. Es führte kein Weg dorthin, aber mit großer Mühe erreichte ich den Ort dennoch. Oberhalb eines Plateaus, das ihn vor neugierigen Blicken schützt, befindet sich der Eingang der Höhle. Vom Eingang aus führen Treppenstufen dorthin, wo früher die Flusshöhe lag.

Als ich die Meißelspuren an den Wänden innerhalb des Eingangsbereiches bemerkte, wurde ich neugierig. Ich sicherte meine Waffe und trat ein. Nach rund 100 Fuß gelangte ich in die Grabkammer, wo ich die Mumien entdeckte. Eine davon stellte ich auf und fotografierte sie mit Blitzlicht. Ich nahm eine Anzahl der Gegenstände mit, reiste dann auf dem Colorado nach Yuma, wo ich sie per Schiff nach Washington senden ließ, zusammen mit einem Bericht über meine Entdeckung. Daraufhin wurde die Untersuchung eingeleitet.

Abb. 98: Eine zweite Zeitungsmeldung nährt Vermutungen über die geheime Zitadelle im Fels.

III   Geheimnisvolle Monumente

Abb. 99: Die Suche nach dem Eingang in die grandiose Felswelt gestaltet sich schwierig ...

Der Hauptgang ist rund zwölf Fuß breit und verengt sich später bis auf neun Fuß. Rund 57 Fuß vom Eingang entfernt, biegen links und rechts die ersten Seitenwege ab. An deren Seiten befinden sich jeweils Kammern in der Größe eines heutigen Wohnzimmers. Man betritt sie durch ovale Eingänge. Belüftet werden sie mittels runder Luftlöcher, die durch die Mauern getrieben wurden. Die Mauern sind rund 3 Fuß und 6 Inches dick. Die Gänge sind derart sauber bearbeitet, dass sie von einem Ingenieur konzipiert worden sein könnten.

Über 100 Fuß vom Eingang entfernt befindet sich eine Kreuzhalle – einige hundert Fuß lang –, in der das Bildnis eines sitzenden Gottes mit gekreuzten Beinen gefunden wurde. In jeder Hand hält er eine Lotusblume oder Lilie.

Der Gott erinnert an Buddha, obwohl sich die Wissenschaftler nicht sicher sind, welche Religion er repräsentiert. Zieht man alles in Betracht, was wir bisher wissen, dann ist es möglich, dass diese Art von Verehrung am ehesten derjenigen im alten Tibet gleichkommt.

Um diesen Gott herum finden sich kleinere Abbilder, einige von sehr schöner Gestalt, andere hässlich und verzerrt. All dies ist aus hartem Stein gefertigt, der Marmor gleicht. Auf der gegenüberliegenden Seite der Halle wurden Kupferwerkzeuge aller Art gefunden. Dieses Volk verstand zweifellos die verlorene Kunst, dieses Metall zu härten. Auf einer Bank, die um den Werkraum führt, wurde Kohle und anderes Material gefunden, das für die Kupfererhärtung vermutlich benötigt wurde.

Unter den übrigen Fundstücken befinden sich Vasen oder Urnen, aber auch Gefäße aus Kupfer und Gold von sehr schöner Form. Außerdem stieß man auf ein graues Metall, dessen Identität bisher nicht eruiert werden konnte. Es gleicht Platin. Auf allen Urnen, Wänden und Steintafeln wurden mysteriöse Hieroglyphen gefunden, die nach wie vor einer Entzifferung harren …‹«

Götter, Gold und Mumien: Weshalb sollte das Smithsonian Institute ein Interesse daran haben, eine derart sensationelle Entdeckung zu verheimlichen? David Hatcher Childress ortet die Gründe dafür im traditionellen Denkmuster des amerikanischen »Isolationismus«. Dessen Anhänger vertreten die Auffassung, dass sich die frühen Hochkulturen kaum gegenseitig beeinflusst haben, sich also isoliert voneinander entwickelten. »Diffusionisten« dagegen behaupten das Gegenteil: Sie glauben, dass Kulturgüter früher über ganze Kontinente, ja selbst über Ozeane weitergereicht wurden. Und die Smithsonian-Vertreter verschrieben sich schon sehr früh der Isolationstheorie.

Lächerlich, befinden Skeptiker. Auch wenn seit dem Bericht der »Phoenix Gazette« bereits hundert Jahre ins Land gezogen sind, müssten dazu doch irgendwelche akademischen Aufzeichnungen vorhanden sein, monieren sie. Alles andere seien wilde Verschwörungstheorien: Archäologen – so betonen unsere Kontrahenten – sind brave, fleißige Gesellen. Und brave, fleißige Gesellen reißen sich keine Fundgegenstände unter den Nagel, ohne ein einziges schriftliches Wort darüber zu verlieren.

Wirklich nicht? Die Geschichte lehrt uns anderes: Volle 20 Jahre lang etwa lagerten im Keller der Staatlichen Sammlung Ägyptischer Kunst in München ohne Wissen der Öffentlichkeit die Reste eines nach 1915 verschollenen Pharaonensarges aus dem ägyptischen Tal der Könige. Nicht etwa, dass man die Kostbarkeiten in München vergessen hatte: Ein privater Schweizer Kunsthändler habe die Sargwanne der Sammlung 1980 zur Restaurierung anvertraut und später geschenkt, beteuerten die Verantwortlichen, als der Skandal im Jahr 2000 aufflog – allen voran Professor Dietrich Wildung vom Ägyptischen Museum Berlin, der den Deal seinerzeit abwickelte.

»Verpetzt« haben soll ihn unter anderen sein Mitarbeiter Dr. Rolf Krauss. Offiziell angedeutet wurden die Mauscheleien allerdings bereits 1999, in der Herbstausgabe der ägyptologischen Fachzeitschrift »KMT«. Deren Herausgeber will seine Informationen aus Leserkreisen erhalten haben, die sich wiederum auf entsprechende Internetgerüchte beriefen.

Rolf Krauss forderte in der Folge lautstark, dass Wildungs Vorgehen bis ins Detail offen gelegt werden müsse. Ehe Krauss mit seinen Vorwürfen an die Öffentlichkeit trat, hatten der Professor und seine Frau, die Leiterin der Sammlung, ihre »Keller-Leiche« schließlich jahrzehntelang unter Verschluss gehalten – ohne dass die Fachwelt

Abb. 100: Zwei Amerikaner wollen die Grabstätte im Canyonmassiv bereits erkundet haben.

davon wusste. Damit nicht genug: Auch zweifelhafte Tauschaktionen mit Ägypten sollen in Erwägung gezogen worden sei. Angeblich sogar mit Rückendeckung der bayerischen Behörden.

Wildung selbst wies die Vorwürfe in aller Deutlichkeit zurück. Wer bezeichnet sich öffentlich schon gerne als Kunsthehler? Er habe im Gegenzug für die geplante Rückgabe lediglich auf Leihgaben aus ägyptischen Museen gepocht, versicherte der Professor der verdutzten Öffentlichkeit – um »keinen Präzedenzfall zu schaffen«, der andere Museen in eine missliche Lage hätte bringen können.

Mittlerweile hat sich die Aufregung wieder gelegt. Die heimlich restaurierte Sargwanne wurde den ägyptischen

III Geheimnisvolle Monumente

Behörden 2002 von Ministerpräsident Edmund Stoiber anstandslos retourniert. »Ohne Gegenleistung«, wie ausdrücklich betont wurde. Der »Einigung« ging ein taktischer Besuch Stoibers beim ägyptischen Premierminister Atif Obaid voraus.

Die Vorzeichen dafür waren alles andere als optimal: Wie der »Spiegel« aus gut informierten Kreisen erfuhr, war Professor Wildung nämlich kurz zuvor auf eigene Faust nach Ägypten gereist, um die Aushändigung an die Bedingung einer entsprechenden Ausstellung in Deutschland zu knüpfen. Gaballah Ali Gaballah, Präsident der ägyptischen Altertümerverwaltung, soll ihn darauf nach nur zehn Minuten empört aus seinem Büro gewiesen haben.

Mit welchen Worten Stoiber den ägyptischen Regierungschef um den Finger wickelte, ist nicht überliefert. Seine Diplomatie zeigte jedenfalls Früchte. Und so durften die Kostbarkeiten vor ihrer endgültigen Rückkehr nach Kairo anlässlich einer Ausstellung in München zum ersten Mal der Öffentlichkeit präsentiert werden. An der Eröffnung wurden nette Reden gehalten und natürlich auch gemeinsam angestoßen. Händedruck folgte auf Händedruck.

Nur einer ballte die Faust im Sack: Dr. Rolf Krauss. Dem Ägyptologen war ein Maulkorb verpasst worden. Schließlich könnte er uns noch so manches brisante Detail über das seltsame Gebaren seines Chefs verraten. »Leider darf ich Ihre Fragen nicht beantworten«, gab mir Krauss betrübt zu verstehen. Ein Wissenschaftler, der die Wahrheit nicht beim Namen nennen darf – wahrhaft ein tristes Bild.

Konsequenzen zog die Affäre denn auch keine nach sich. Dafür neue Erkenntnisse. So glauben einige Ägyptologen inzwischen, die Sarkophagüberreste entgegen bisheriger Meinung dem berühmten Pharao Echnaton zuschreiben zu können. Prominentester deutscher Vertreter der Pro-Echnaton-Fraktion ist – wen wunderts – Professor Dietrich Wildung. Er will bei der heimlichen Restaurierung der Sargwanne eine Inschrift ausgemacht haben, die nur für Echnaton üblich sei.

Beispiele dieser Art zeugen eindrücklich davon, wie es hinter den Kulissen der Archäologenzunft zu- und hergehen kann. Und was in Deutschland möglich ist, gehört in Amerika oft zum Alltag – nur eben ein paar Nummern größer. Insofern sollte es uns nicht erstaunen, wenn auch die von G. E. Kinkaid beschriebenen Schätze im Grand Canyon eines Tages doch noch an die Öffentlichkeit gelangen würden.

Jerry und Kathy Wills von »Xpeditions Magazine.com« jedenfalls sind nach einem zweiten Trip durch den Canyon mittlerweile überzeugt, den Eingang der geheimnisvollen Zitadelle exakt lokalisiert zu haben, wie sie mir unter der Hand verrieten. Details darüber wollen sie aus verständlichen Gründen erst zu einem späteren Zeitpunkt preisgeben. »Wenn wir diese Informationen unvollständig oder zu früh präsentieren, könnte uns dies die Möglichkeit rauben, weiter hineinzugehen, um dort fotografische Beweise zu sammeln. Die aber benötigen wir, um die Wahrheit hinter dieser bald hundertjährigen Vertuschungsaffäre ans Licht zu bringen.«

Noch mehr Kuriositäten

- Wie gelangt eine Metallschraube in einen uralten Stein? Diese Frage stellen sich derzeit chinesische Wissenschaftler. Gefunden wurde der birnenförmige Brocken von Zhilin Wang in der Region des Berges Mazong, an der Grenze der Provinzen Gansu und Xijiang. Das mysteriöse Stück wiegt rund 0,46 Kilogramm, ist extrem hart und rabenschwarz. Eingebettet in seinem Innern findet sich eine rund sechs Zentimeter lange Schraube. Experten des National Land Resources Bureau, des Colored Metal Survey Bureau der Provinz Gansu und anderer namhafter Institutionen haben sich daran bereits die Zähne ausgebissen, wie die chinesische Zeitung »Lanzhou Morning News« am 26. Juni 2002 meldete. Schlüssige Erklärungen fehlen.
- Wer hinterließ uns im ägyptischen Nabta die älteste Sonnenuhr der Welt? Der rund 6500 Jahre alte monumentale Steinkreis in der Wüste wurde gut 100 Kilometer westlich von Abu Simbel entdeckt. 1000 Jahre vor dem berühmten britischen Stonehenge errichtet, fordert er uns zum Blick gen Himmel auf. Im Umfeld des Kreises befinden sich weitere Steingruppen, die offensichtlich Sternenbilder symbolisieren. Was wollten uns unsere Vorfahren mitteilen?
- War den südamerikanischen Urkulturen das Rad doch bekannt? Entgegen allen bisherigen wissenschaftlichen Beteuerungen scheint eine Entdeckung der Mannheimer Reiss-Engelhorn-Museen dies zu bestätigen. So untersuchten Michael Tellenbach und seine Mitarbeiter

Keramik der Nazca-Indianer – und stellten dabei fest, dass die Tongefäße vor rund 2000 Jahren auf Töpferscheiben gefertigt worden sein mussten. Bisher ging man davon aus, dass erst die spanischen Eroberer das Rad nach Südamerika brachten – im 15. Jahrhundert.
- Wer errichtete 37 unterirdische Pyramiden auf der Schwarzmeerhalbinsel Krim? Diesem Mysterium widmen sich der örtliche Marinekapitän Vitalij Anatoljevic Gokh und zahlreiche seiner Offizierskollegen. Allein sieben der dreiseitigen Bauwerke wollen die Hobbyarchäologen im Untergrund bei Sewastopol am Schwarzen Meer lokalisiert haben. Ihre Höhe soll zwischen 36 und 45 Meter betragen. Journalisten der italienischen Zeitschrift »Panorama« nahmen die bisher erste Grabungsstätte Ende 2001 unter die Lupe. Fazit: In rund 38 Metern Tiefe befinden sich »eine erstaunliche Reihe von kuppelartigen Gebilden mit regelmäßigen Wölbungen, seltsamen dreieckigen Platten und Resten von etwas, das Mauerwerk sein könnte...«
- Wussten unsere Urahnen bereits vor 3000 Jahren, wie man rostfreien Stahl herstellt? Darüber zerbrechen sich serbische Archäologen den Kopf, die im Ort Hisar das vermutlich älteste Stahlerzeugnis der menschlichen Geschichte sicherstellen konnten: eine Stecknadel ohne jegliche Rostspuren! »Eine archäologische Sensation«, wie Milord Stojic vom Archäologischen Institut in Belgrad im Januar 2002 gegenüber der Nachrichtenagentur dpa triumphierend betonte.

Wo bleiben die allwissenden Instanzen, die uns aus diesem Erklärungsnotstand befreien? Wer begründet uns einleuchtend, warum man in Mexiko vor Jahrtausenden bereits über Dinosaurier Bescheid wusste? Was hat es mit den geheimnisvollen Darstellungen auf den Statuetten

Noch mehr Kuriositäten

Abb. 101: Verblüffend: Fraktale Darstellung auf dem Titelblatt einer uralten Bibel.

vom Taennchel auf sich? Und wie kann es sein, dass im Ural 3-D-Landkarten gefertigt wurden, Jahrmillionen bevor der erste Homo sapiens auftauchte?

Warum beschleicht uns bei all diesen Geschichten das Gefühl, dass wir etwas übersehen haben? Warum ergibt keinen Sinn, was eigentlich zusammengehört? Sollte die Summe der Fragezeichen nicht kleiner werden, je mehr wir über unsere Vergangenheit in Erfahrung bringen?

Ohne Frage – wenden Zweifler ein. Bis in 100 Jahren werden viele Geheimnisse gelüftet sein, versichern sie höflich. Man mag es ihnen fast glauben. Wäre da nicht das letzte Jahrtausend, in dem sich nahtlos fortsetzt, was seit Urzeiten Verwirrung stiftet – ohne dass wir bisher auch nur einen Deut schlauer wären. Da ist zum Beispiel die Geschichte von Rabbi Jechiele, wie sie uns Henri Sauval 1724 in seinem dreibändigen Monumentalwerk »Histoire et recherches des antiquités de la ville de Paris« überliefert.

Jechiele war ein cleverer Kauz. Interpretieren wir Sauval wörtlich, dann muss der Rabbiner im 13. Jahrhundert bereits über die Elektrizität Bescheid gewusst haben – viele Jahrhunderte, bevor wir sie uns nutzbar machten: »Dieser Mann war so gelehrt, und man bewunderte seine Künste derart, dass er unter Juden als eine Art Heiliger galt. Auch die Pariser betrachteten ihn aufgrund seiner geheimen Kenntnisse als Magier. (...) Nachts, wenn die Welt gewöhnlich im Schlafe liegt, arbeitete er – so sagt man – im Scheine einer immer brennenden Lampe, die keines Öles bedurfte. Nur am Sabbat erlosch ihr Licht vorübergehend. Wer sich allerdings erdreistete, Jechiele bei seinen Studien zu stören, indem er ihn beispielsweise mit lautem Pochen an seine Pforte aus den Gedanken riss (...), erlitt ein besonderes Schicksal: Der Rabbi betätigte dann gewöhnlich einen Knopf, und sogleich öffnete sich die Erde und raubte dem Unglücklichen den Boden unter den Füßen.«

Man wähnt sich in der Moderne. Ebenso wie in den Schriften des berühmten englischen Philosophen Roger Bacon (um 1214–1292). In seinen »Epistolae de secretis operibus« lesen wir: »Und so berichte ich von den Werken der Technik und der Natur (...), an denen nichts Magisches sein wird. Es wird nämlich Wasserfahrzeuge geben ohne rudernde Menschen. Für die großen See- und Flussschiffe wird man nur noch einen Kapitän benötigen, und dennoch werden sie schneller sein als alle Schiffe, die von vielen Menschen gelenkt werden. Wagen wird es geben, die ohne Zugtiere fortbewegt werden mit ungeheurer Kraft. (…) Auch wird es Fluginstrumente geben, die von einem Menschen betrieben werden, der durch sinnreiche Mechanismen etwas rotieren lässt, das die Luft peitscht, durch künstliche Flügel nach Art der fliegenden Vögel. Auch werden Geräte von großem Nutzen sein, mit denen sich Lasten von fast unbegrenzter Schwere heben und senken lassen. (…) Es wird auch Instrumente geben, um ins Meer hinabzutauchen bis auf den Grund, ohne Gefahr für das Leben. (…) Diese Maschinen wurden im Altertum gebaut und sicherlich auch in unserer Zeit, vielleicht mit Ausnahme der Flugmaschine, die ich nicht gesehen habe und die niemand bisher gesehen zu haben scheint. Aber ich kenne jemanden, der weiß, wie man eine solche Maschine baut. Man kann fast unbegrenzt solche Dinge verwirklichen wie etwa Brücken, die man ohne Befestigung und ohne Stützen über die Wasserläufe schlägt und andere unglaubliche Mechanismen und Maschinen.«

Erstaunlich präzise Voraussagen. Allein die Vorstellung, dass Bacon all diese Dinge »mit Ausnahme der Flugmaschine« mit eigenen Augen gesehen haben will, verblüfft. In welchen seltsamen Kreisen mag der Engländer wohl verkehrt haben? Gab es damals okkulte Zirkel, in denen geheimes Wissen herumgetratscht wurde? Oder hatte Bacon lediglich eine grandiose Fantasie?

Die meisten Rätsel geben uns heute aber ohne Zweifel die technischen Fähigkeiten Leonardo da Vincis (1452–1519) auf. Der Italiener war ein Gefangener seiner Zeit. Ein begnadeter Denker, der von der Zukunft träumte als wäre er einer von uns. In unzähligen, künstlerisch hochstehenden Skizzen entwarf der Ausnahmedenker vor 500 Jahren beeindruckende Apparaturen und Maschinen, die heute zum Alltag gehören.

Leonardo skizzierte unter anderem ein Automobil, einen Panzer, einen Fallschirm, eine Dampfmaschine, neue Musikinstrumente, einen Schiffsbagger, einen Helikopter, das Kugellager, den Fotometer, automatische Futtertröge, ein modernes Spinnrad, Treibriemen, Schleusenanlagen, Gasbomben und Gasmasken, Taucheranzüge, Schnorchel und Schwimmflossen sowie transportierbare Brücken. Weiter machte er sich Gedanken über komplizierteste Zahnradstrukturen, über Massenproduktion und zerlegbare Fertighäuser, fertigte Landkarten aus der Vogelperspektive an und nahm spätere Erkenntnisse Newtons über Bewegung, Masse und Trägheit vorweg.

Übertroffen werden Leonardos Meisterwerke nur noch von indischen Illustrationen aus dem 15. Jahrhundert. Wir finden sie im Museum für Indische Kunst in Berlin-Dahlem, im British Museum of Art in London und in einem Museum in Denver (USA). Sie zeigen den Götterboten Harinaigameshin, der einer Frau einen Embryo entnimmt und diesen einer anderen Frau einsetzt!

Auf die Brisanz dieser Darstellungen aufmerksam gemacht hat der Tierarzt Dr. Wolfgang Lampeter aus Wasserburg. Dokumentiert wurde seine Entdeckung 1990 in der Zeitschrift »Bild der Wissenschaft«. Nach Lampeter beziehen sich die Darstellungen auf altindische Texte, die um 200 v. Chr. erstmals schriftlich fixiert wurden. Zuvor kursierten sie mündlich, dürften also noch einige Veränderungen erfahren haben.

Das ändert aber nichts an der Tatsache, dass diese Texte bereits verschiedene embryonale Entwicklungsstufen beschreiben. Selbst zwischen dem heute in der Medizin gebräuchlichen Morula- und Blastula-Stadium wird unterschieden: biologische Vorgänge, die mit bloßem Auge gar nicht erkannt werden können.

Schließlich wäre da auch noch das Mandelbrot-Paradoxon. So erlaubt die fraktale Geometrie Wissenschaftlern heute, Objekte zu beschreiben, die in der klassischen Geometrie (Gerade, Kreis, Kugel, Würfel oder Pyramide) nicht vorkommen, wohl aber in der Natur. Die Strukturen einer Schneeflocke beispielsweise. Aber auch die Form einer verzweigten Baumkrone oder der Küstenlinie Großbritanniens.

Als Begründer der Fraktaltheorie gilt Benoit Mandelbrot. Seine in den 80er Jahren erschienene Publikation sorgte weltweit für Furore. Die wesentlichen Eigenschaften der mathematischen Struktur, der Mandelbrot seinen Namen gab – die »Mandelbrotmenge« oder das so genannte »Apfelmännchen« –, wurde bereits Anfang dieses Jahrhunderts vom französischen Mathematiker Gaston Julia untersucht. Erst die computergenerierten Bilder von Mandelbrot aber haben die Komplexität dieser Struktur veranschaulicht.

Fraktale Darstellungen sind Mathematikern also erst seit rund 100 Jahren bekannt. Dennoch tauchen sie bereits auf einem 2000 Jahre alten keltischen Bronzespiegel des Britischen Museums von London auf. Ein Zufall? Vielleicht. Seltsam nur, dass wir einer ähnlichen Struktur auch auf dem Titelblatt einer französischen Bibel begegnen, die zwischen 1229 und 1250 verfasst wurde.

Das antike Werk lagert heute in der Österreichischen Nationalbibliothek in Wien, säuberlich katalogisiert unter der Registernummer 2554. Bezeichnenderweise schwingt die darauf abgebildete Gottesfigur in ihrer rechten Hand einen Zirkel, mit der sie das Fraktal – oder nach anderer Auslegung das symbolisierte Universum – genauestens zu vermessen scheint. Der dazugehörige französische Begleittext vermerkt: »Hier schafft Gott Himmel und Erde, Sonne und Mond und alle Elemente.«

Die verblüffende Darstellung ist selbstverständlich auch Mandelbrot selbst ins Auge gestochen, und so hat er sie kurzerhand in sein Standardwerk »Die fraktale Geometrie« aufgenommen. Die wichtigste Antwort allerdings bleibt uns der mathematische Ausnahmedenker schuldig: Was – um Himmels willen – hat eine moderne Fraktaldarstellung in einer über 700 Jahre alten Bibel verloren?

Noch ein Zufall? Selbstverständlich. Skeptiker schreiben sich die Finger wund, bis wir es ihnen glauben. »Zufall«: Sechs Buchstaben, die alles erklären und nichts besagen. Eine Floskel ohne Inhalt. Erfunden, um uns nicht mit dem Verbotenen zu infizieren. Ein Nagel, der uns die Pforte in eine neue Welt verriegelt. Dahinter ein unentdecktes Land voller Geheimnisse, die uns wie Magie anmuten. Seltsamer als wir uns vorstellen. Oder uns überhaupt vorstellen können.

Verlockend, sich anhand all der Kuriositäten auszumalen, was in unserer Vergangenheit anders gelaufen sein mag, als wir heute zu wissen glauben. Verwirrend, damit zu liebäugeln, dass vieles, was wir über unsere Herkunft zu verstehen meinen, sich eines Tages als Illusion entpuppen dürfte. Der Fantasie sind keine Grenzen gesetzt. Denn wie es der französische Philosoph Voltaire einst treffend auf den Punkt brachte: »In einer irrsinnigen Welt vernünftig sein zu wollen, ist schon wieder ein Irrsinn für sich!«

Epilog

> »Als Pythagoras seinen bekannten Lehrsatz entdeckte, brachte er den Göttern hundert Ochsen dar. Seitdem zittern die Ochsen, so oft eine neue Wahrheit ans Licht kommt.«
>
> *(Ludwig Börne, Schriftsteller)*

Bücher wie dieses mögen Akademiker ärgern. Sie mögen sich die Haare raufen ob all der verwirrenden Fundstücke und Entdeckungsberichte. Sie vermissen darin wissenschaftliche Details. Und orten stattdessen fantasievolle Schilderungen von Außenseitern. Das ist ihr gutes Recht. Schließlich sind sie die Experten.

Doch bedenken wir, dass es immer wieder Außenseiter waren, denen die akademische Zunft wichtige Ideen, Hinweise oder Entdeckungen verdankte. Möglich, dass sich einiges davon als unhaltbar erwies. Möglich, dass die »Spinner« manchmal über die Stränge schlugen. Tatsache aber auch, dass einige von ihnen Geschichte machten, weil sie die Geschichte umschrieben.

Bedenken wir, dass sich die meisten kontroversen Informationen nicht in Fachwerken finden. Die Ignoranz der Elite eliminierte sie aus unserem Bewusstsein. Monatelange Recherchen mussten ersetzen, was längst dokumentiert gehört. Wenn auch nur eine einzige Kuriosität aufgegriffen und weiter erforscht wird, macht dieses Kompendium Sinn.

Zugegeben, mein Plädoyer für eine alternative Betrachtung unserer Geschichte kommt nicht von ungefähr. Unkonventionelle Ideen, ich muss es leider gestehen, waren während meiner Universitätszeit kaum gefragt. Die Revolution scheiterte, ehe sie begonnen hatte. Sie fand nur in den Köpfen statt. Und ich wage zu behaupten, dass es an vielen Universitätsinstituten ähnlich bestellt ist.

Doch die Zeiten scheinen sich zu ändern. Es tut sich etwas unter den Talaren. Immer häufiger erzählen mir Professoren unter der Hand von verwegenen Theorien und brisanten Fakten, die ihnen unter den Nägeln brennen. Nur die wenigsten aber mögen öffentlich dazu stehen. »Das schreiben Sie dann aber bitte nicht!« – Wie oft habe ich diesen Satz während meiner journalistischen Laufbahn bereits gehört. Wie oft habe ich die Damen und Herren in der Folge bekniet, ihre »Munition« der breiten Öffentlichkeit zu unterbreiten. Und wie oft bin ich gescheitert. Wer stellt schon gerne in Frage, was er seinen Schülern jahrzehntelang gelehrt hat?

»Heute kann ich es mir eben erlauben«, schmunzelte einst ein graumelierter Institutsleiter, als ich ihn darauf ansprach, weshalb er mit seinen kontroversen wissenschaftlichen Gedanken erst jetzt, kurz vor seiner Pensionierung, an die Öffentlichkeit trete. Ich muss ihn ziemlich verdutzt angeblickt haben.

Ähnlich erging es dem deutschen Journalisten Erdogan Ercivan. Auf einem internationalen Fachkongress (1997) überraschte ihn der amerikanische Assyriologe Professor Marvin A. Powell von der Northern Illinois University mit der Aussage, dass von den bisher entdeckten und übersetzten 500 000 Keilschrifttafeln lediglich ein Fünftel veröffentlicht sei. Ercivan: »Weil Professor Powell nicht wusste, dass ich kein Lehrmeinungsvertreter im herkömmlichen Sinn war, gab er auch unbekümmert seine

Begründung bekannt, warum die Texte der Öffentlichkeit vorenthalten werden: ›Die Keilschrifttafeln enthalten unzählige Informationen über Astronomie, fremde Planetensysteme, Sternenbesucher und Angaben über die Entstehungsgeschichte des Menschen, die unser Weltbild auf den Kopf stellen würden. Mit der Bekanntgabe dieser Informationen würden wir den Däniken-Jüngern nur Futter liefern ...‹«

Auch der Berliner Forscher Uwe Topper weiß von ähnlichen Machenschaften zu berichten: »Als junger lernbegieriger Mensch fuhr ich einmal zu einer großen Ausgrabungsstätte in Deutschland und ließ mich von dem Chefausgräber, einem berühmten Professor, herumführen«, erzählt er. »Während wir einer Gruppe von Ausgräbern zuschauten, kam einer der Studenten auf den Professor zu und reichte ihm mit bedeutsamer Miene einen kleinen Stein. Dieser stammte ganz gewiss nicht aus der gleichen Kulturstufe, sondern gehörte einem anderen Zeitraum an, das sah man aus dem Augenwinkel. Der Professor natürlich auch. In seiner Verlegenheit steckte er den Mikrolithen in den Mund. Dann drehte er sich zur Seite und ließ die kleine Silexklinge in der Westentasche verschwinden. Den Studenten schickte er ärgerlich fort.«

Erstaunt über den Vorfall wandte sich Topper einer Assistentin zu, die in der Nähe stand, und fragte sie nach den Gründen für das seltsame Verhalten des Professors. »Weißt du nicht, was das für ihn bedeuten würde, wenn man jetzt eine zweite Kulturstufe hier finden würde?«, entgegnete sie und lieferte ihm die Antwort gleich hinterher: »Dann müsste er noch einmal fünf Jahre hier graben, wo es ihn jetzt schon verdrießt! Bis zu seiner Pensionierung käme er nicht mehr fort von diesem Platz ...«

Gelehrte sind eben auch nur Menschen. Und so verdient vieles, was uns heute unter dem Deckmäntelchen der

Wissenschaft verkauft wird, diesen Namen nur bedingt. Die Universitäten sind daran nicht unschuldig: Ich mag die Gespräche mit Studenten nicht mehr zählen, die mir gelangweilt schilderten, wie sie ihre Statistiken und Resultate schönten und an den Kontrollinstanzen vorbeischmuggelten. Nur die wenigsten schienen an ihrem Wissen Freude zu empfinden. Unsichere berufliche Aussichten raubten ihnen jegliche Motivation, die Welt aus den Angeln zu heben.

Viele Lehrmeister sind keinen Deut besser: Statt nüchtern Wissen zu testen, lassen sie sich bei Prüfungsbewertungen von persönlichen Eindrücken leiten. Andere motivieren ihre Schützlinge, um ihre Arbeiten später unter eigenem Namen zu publizieren und sich dafür feiern zu lassen. Wieder andere intrigieren bei wissenschaftlichen Kollegen – aus Neid und Eifersucht. Schließlich ist da auch noch der wachsende Konkurrenzdruck, der die seltsamsten Blüten treibt. Ich könnte ein Buch über all die Schauermärchen schreiben, die mir in den letzten zehn Jahren von Betroffenen zugetragen wurden.

Und dann die Vorlesungen: Professoren, die gelangweilt aus ihren eigenen Werken vorlesen! Spezialisten, die mit ihrem Fachwortkauderwelsch jedermann aus den Seminarräumen vergraulen, der etwas von Pädagogik versteht. Die rhetorisch geschulten Dozenten meiner Unizeit ließen sich an einer Hand abzählen. Wie oft habe ich gebetet, dass einer von ihnen seine Kollegen in die Kunst des Erzählens einführen würde, wie sie beispielsweise der deutsche Astrophysiker Harald Lesch so brillant zelebriert. Es blieb ein frommer Wunsch.

Zur verbalen Höchstform laufen viele Wissenschaftler anderswo auf – vor allem dann, wenn es darum geht, Amateurforscher zu bändigen. Allen voran die Archäologen. Ein besonderer Dorn im Auge sind ihnen dabei Hobbyschatzsucher, die mit Metalldetektoren und anderen Geräten bewaffnet durch die Lande ziehen. Schnäppchenjäger der ungeliebtesten Art. Ob ihnen unisono Habgier vorgeworfen werden muss, wie man uns einimpfen will, wird die Zukunft zeigen. Tatsache bleibt, dass wir ohne ihr halblegales Treiben von einigen kontroversen Fundstücken keinen blassen Schimmer hätten.

Wer zur Treibjagd bläst und all die Hobbygräber verächtlich in einen Topf wirft, sei jedenfalls falsch gewickelt, betont ihr »Mentor« und prominentester Schatzsucher Deutschlands, Reinhold Ostler, auf seiner Internet-Homepage: »Viele Schatzsucher und Sondengänger wollen ihre Funde zum Großteil gar nicht selbst behalten. Sie würden diese gerne der Archäologie und den Museen überlassen. Nur: Sie befürchten Repressalien, falls sie die Funde melden. Der Archäologie in Deutschland – und damit dem kulturellen Erbe – sind in den letzten Jahren unersetzliche Verluste entstanden durch den Verkauf von ausgefallensten Exponaten ins Ausland. Die Schuld dafür ist den Archäologen zuzuweisen, die durch ihre unnachgiebige und rachsüchtige Haltung meldewillige Sucher mit missionarischem Eifer verfolgen. Dabei wäre ein Konsens mit etwas gutem Willen durchaus möglich ...«

Das immer wiederkehrende Argument »Suchwillige sollten eine Genehmigung beantragen« ist laut Ostler lächerlich. Anträge auf Sucherlaubnis würden in fast allen Fällen abgelehnt, »wobei die Bürger von den entsprechenden Bearbeitern verbal eingeschüchtert werden. Dabei tragen Schatzsucher und Sondengänger in hohem Maße dazu bei, Mitbürger vor Schäden zu bewahren. Denn immerhin sind oftmals sie es, die gefährliche Munitionsfunde melden. Unzählige Exponate in Museen würden sich heute ohne ehrliche Schatzsucher nicht dort befinden, und viele Förster und Jäger schätzen Sondengänger, da diese gefundenen Müll und Unrat entfernen.«

Ostlers Kritik trifft die Stimmung am Nerv. Der Klassenkampf in der Vorzeitforschung – Elite gegen Außenseiter – nimmt immer groteskere Züge an. Und dies auf allen Gebieten. Je verwegener die Rebellen ihre Attacken reiten, desto verächtlicher die Reaktion des Imperiums: Wer alte Überlieferungen wörtlich nimmt, wird als naiv bezeichnet. Wer unseren Vorfahren Dinge zutraut, die sie laut Lehrbuch nicht oder erst viel später wissen konnten, wird zum Sonderling degradiert. Wer in unserer Vergangenheit Spuren technologischer Einflüsse zu wittern glaubt, zählt bereits zu den Verrückten – den Esoterikern und Okkultisten.

Der Umgangston ist rüde geworden. Sogar innerhalb des Establishments. Wenn etwa der Tübinger Althistoriker Professor Frank Kolb neuerdings auf den profilierten Troja-Forscher Professor Manfred Korfmann eindrischt und ihn ob seiner Thesen öffentlich als »Erich von Däniken der Archäologie« beschimpft, mag das den Betroffenen in gewissem Sinn zwar ehren. Mit wissenschaftlicher Ethik aber, wie sie uns im Lehrbuch doziert wird, haben derlei Hahnenkämpfe nichts mehr zu tun. Vielmehr zeugen sie von der großen Verunsicherung, welche sich der archäologischen Branche gegenwärtig bemächtigt.

Immer mehr Akademiker scheinen an den Ideen der Außenseiter nämlich Gefallen zu finden – und laufen über. Wie kann es etwa sein – so fragt sich die Elite derzeit aufgeregt –, dass ein »Sonntagsforscher« wie Däniken im Hinblick auf seinen neuen archäologischen Erlebnispark im schweizerischen Interlaken auf ideelle Unterstützung namhafter Professoren zählen kann? Wie kann es sein, dass sich zahlreiche gescheite Köpfe für diesen monumentalen »Mystery Park« stark machen?

Epilog

Mitten in die allgemeine Verwirrung platzt zu allem Übel auch noch die Schreckensnachricht über das weltberühmte Goldmuseum der peruanischen Hauptstadt Lima: Über 4000 Exemplare der dort ausgestellten Indio-Schätze sollen plumpe Fälschungen sein, melden die Nachrichtenagenturen. Dies musste Museumschefin Victoria Mujica nach einer internen Untersuchung offiziell einräumen – nachdem ihr Vater der Öffentlichkeit als früherer Direktor jahrzehntelang das Gegenteil weisgemacht hatte.

Wie ist es möglich, dass die wissenschaftlichen Experten diesem Schlamassel erst jetzt auf die Schliche kamen? Ich weiß es nicht. Wobei ich mir ein Lächeln nicht verkneifen kann. Schließlich sind es die gleichen Experten, die uns seit Jahrzehnten versichern, dass auch die Dinosaurierfiguren von Acambaro und andere erstaunliche Fundstücke aus allen Teilen der Welt gefälscht sein müssen – ohne sie jemals selbst in Augenschein genommen zu haben. Der Glaube diktiert ihr Vorgehen. Er schreibt vor, wie alles zu sein hat, und vernebelt die Sicht auf Tatsachen.

Wie erfrischend wäre es, von den Archäologen einmal zu hören, was sie alles *nicht* wissen. Wie schön wäre es, von ihren Zweifeln zu erfahren. Von ihren kühnsten Spekulationen, die sie nicht einmal ihren engsten Mitstreitern anzuvertrauen wagen. Und sie dann darin zu bestärken, gerade diesen Ideen künftig vermehrt nachzuhängen. Wer weiß, in welch ferne Welten uns derlei Gedankenspiele katapultieren könnten – wenn uns schon nur die Spekulationen der Amateure den Atem rauben.

Leider wird der faszinierendste Bestseller über die großen Rätsel nie geschrieben. Denn das ellenlange Kompendium, in dem die namhaftesten und kompetentesten Vorzeitexperten der Welt ihre unerklärlichsten Entdeckungen und merkwürdigsten Theorien ohne Rücksicht auf Kritik auflisten, würde in Frage stellen, woran die klugen Köpfe jahrzehntelang gefeilt haben: ihre fachliche Kompetenz. Nur wer Antworten liefern kann, verdient sich akademische Titel und damit seinen Lebensunterhalt. Das große Buch der Fragezeichen käme einem Himmelfahrtskommando gleich.

Doch ich will nicht schwarz malen. Die Vorzeichen kehren sich. Zu offensichtlich, dass gegenwärtig eine neue Generation das Ruder übernimmt. Eine Generation, die in einer Zeit aufgewachsen ist, in der eigene Meinungen wieder gefragt sind und sich mit Hilfe des Internets auch öffentlich vertreten lassen – ohne dass man dafür gleich auf dem Scheiterhaufen der Gesellschaft landet.

Und Sie, meine Damen und Herren, sind Teil dieser Generation: die Ketzer der Wissenschaft. Gehen Sie Ihren eigenen Weg. Glauben Sie nicht blindlings, was Ihnen vorgesetzt wird. Löchern Sie unsere Elite mit Fragen. Und zweifeln Sie guten Gewissens an, was Ihnen ungereimt erscheint.

Keine Angst vor kühnen Gedanken! Denn die kühnsten Ideen müssen erst noch gedacht werden. Ihre Schatten flackern bereits in unserem Bewusstsein. Dort, wo sich die »Wahrheit« ständig wandelt – einer flüchtigen Halluzination gleich, der sich die Mehrheit von Zeit zu Zeit unterwirft.

Literaturverzeichnis und Quellennachweis

»Acambaro Revisited«, in: »The INFO Journal«, Nr. 2/1973
Ackerman, Phyllis: »Mystery of China's Great Pyramid«, in: »American Weekly« vom 13. 7. 1947
»Affäre um Pharaonensarg«, in: »Spiegel«, Nr. 13/2001
»Älteste Toilette der Welt gefunden«, in: »Spiegel Online« vom 26. 7. 2000
»Ältester Urahn des Menschen entdeckt«, in: »Spiegel Online« vom 12. 7. 2001
»Archaeologists Find Mysterious ›Stainless Steel Needle‹ in Serbia«, dpa-Meldung vom 10. 1. 2002
»Archaeologists Say Hidden Cavities Found in Cheops Pyramid«, ABC News Online vom 20. 4. 2001
»Archäologen vermuten Geheimgänge«, in: »Spiegel Online« vom 19. 4. 2001
»Archéologues allemands et autrichiens au Taennchel«, in: »L'Alsace« vom 3. 5. 1998

Bach, Ingo: »Tausche Sargwanne gegen Pharaonenkopf«, in: »Tagesspiegel« vom 2. 8. 2000
Balasubramaniam, Ramamurthy: »Delhi Iron Pillar«, New Delhi 2002
–: »On the Growth Kinetics of the Protective Passive Film of the Delhi Iron Pillar«, in: »Current Science«, Nr. 11/2002
–: Briefe an den Autor vom 29. 7. 2002, 30. 7. 2002 und 31. 7. 2002
Barthélémy, Pierre: »Le mystère de la grand pyramide a deux nouveaux adeptes«, in: »Le Monde« vom 20. 4. 2001
Bauval, Robert, und Gilbert, Adrian: »Das Geheimnis des Orion«, München 1994
Bergier, Jacques, und Pauwels, Louis: »Aufbruch ins dritte Jahrtausend«, Bern und Stuttgart 1962

»Besucheransturm bei Ausstellung von prähistorischer Bronzescheibe«, dpa-Meldung vom 14. 4. 2002

Bigazzi, Francesco: »Strane piramidi in Crimea, sono sotterranee«, in: »Panorama« vom 18. 1. 2002

Bredel, Jean-Luc: Brief an Georges Federmann vom 5. 7. 2001

»Bronzezeitlicher Mondkalender«, in: »Spiegel Online« vom 22. 3. 2002

Brose, Patrick: »Die Sensation von Sangerhausen«, in: »Mysteria 3000«, Nr. 2/2002

Buccianti, Alexandre, und Dufour, Jean-Paul: »Deux amateurs débusquent les secrets de la pyramide de Meïdoum«, in: »Le Monde« vom 12. 4. 2000

Bürgin, Luc: »Mondblitze – Unterdrückte Entdeckungen in Raumfahrt und Wissenschaft«, München 1994

–: »Irrtümer der Wissenschaft«, München 1997

–: »Geheimakte Archäologie«, München 1998

Burrows, Russell, und Rydholm, Fred: »The Mystery Cave of Many Faces«, Marquette 1992

Burrows, Russell: »Burrows Cave is Opened!«, in: »Ancient American«, Nr. 33/2000

–: Briefe an den Autor vom 15. 9. 1997, 16. 9. 1997, 17. 9. 1997, 9. 12. 1997, 23. 9. 1998, 26. 7. 2002, 4. 8. 2002, 5. 8. 2002 und 6. 8. 2002

Carter, Howard: »Das Grab des Tut-ench-Amun«, Wiesbaden 1981

Castell, Wulf Diether: »Chinaflug«, München 1999

Chevalier, Remy: »I See Dots!«, in: »World Explorer«, Nr. 6/1995

Childress, David Hatcher: »Smithsoniangate«, in: »World Explorer«, Nr. 3/1993

»China Baffled by ›Alien‹ Pyramid«, CNN-Meldung vom 20. 6. 2002

»China Scientists to Probe ›ET Relics‹ Tower«, Reuters-Meldung vom 25. 6. 2002

»Chinese Scientists to Head for Suspected ET Relics«, Xinhua-Meldung vom 19. 6. 2002

Chuvyrov, Aleksandr: Briefe an den Autor vom 17. 7. 2002, 19. 7. 2002 und 31. 7. 2002
–: Briefe an Ueli Dopatka vom 16. 5. 2002 und 10. 7. 2002
Clasmann, Anne-Beatrice: »Roboter entdeckt neue Tür mit Kupfergriffen in der Cheops-Pyramide«, dpa-Meldung vom 23. 9. 2002
Clottes, Jean, und Courtin, Jean: »Grotte Cosquer«, Sigmaringen 1995
Corteggiani, Jean-Pierre: Brief an den Autor vom 9. 10. 2002
Cremo, Michael, und Thompson, Richard: »Forbidden Archeology«, San Diego 1993
Cremo, Michael: »Forbidden Archeology's Impact«, Los Angeles 1998
Cuoghi, Diego: Brief an den Autor vom 15. 7. 2002

Däniken, Erich von: »Erinnerungen an die Zukunft«, Düsseldorf 1968
–: »Die Götter waren Astronauten«, München 2001
Damon, Paul: »Stargate Found in Peru?«, in: »Truth Seekers International Review«, Nr. 10/1996
De Heinzelin, Jean: »Ishango«, in: »Scientific American«, Nr. 206/1962
Dendl, Jörg: »Das Geheimnis der ›großen Pyramide von Shaanxi‹«, in: »Sokar«, Nr. 1/2000
»Deutscher gibt der ältesten Metallstatue der Welt ein neues Gesicht«, dpa-Meldung vom 12. 2. 2002
»Deux passionés désespèrent de pouvoir jamais percer les mystères de Khéops«, AFP-Meldung vom 13. 6. 2002
Deyermenjian, Gregory: »Searching for Paititi«, in: »World Explorer«, Nr. 2/1992
–: »Expedition Report: ›The 1996 Pyramids of Paratoari/Pantiacolla Expedition‹«, Watertown 1996/1998
–: Brief an den Autor vom 5. 1. 1998
»Did the Vikings Make a Telescope?«, »BBC News« vom 5. 4. 2000
»Discovery of First Historic Clock Dating to 6500 Years«, in: »The Egyptian State Information Service« vom 8. 8. 2001
Dopatka, Ulrich (Hrsg.): »Sind wir allein?«, Düsseldorf 1996

Dormion, Gilles, und Goidin, Jean-Patrice: »Khéops: Nouvelle enquête«, Paris 1986

»Eine Kybernetikmaschine«, in: »Unesco Kurier«, Nr. 10/1988
Ercivan, Erdogan: »Verbotene Ägyptologie«, Rottenburg 2001
»Expedition stößt auf riesige Inka-Stadt«, in: »Spiegel Online« vom 19. 3. 2002
»Explorations in Grand Canyon«, in: »Phoenix Gazette« vom 5. 4. 1909
»Extraterrestrials in Qinghai?«, in: »China Daily« vom 20. 6. 2002

Feinman, Richard: »Kümmert Sie, was andere Leute denken?«, München 1996
Feldhaus, Franz Maria: »Die Technik der Antike und des Mittelalters«, Potsdam 1930
Feng, Bao, und Tian, HaiZhu: »›Stone from Outer Space‹ Found in Lanzhou«, in: »Lanzhou Morning News« vom 26. 6. 2002
»Find of the Century Revealed«, in: »Ancient American«, Nr. 28/1999
»Forgotten Pathways« in: »Xpeditions Magazine.com«, Online-Zeitschrift, 2000
»Forscher inspizieren Ufo-Startrampe«, in: »Spiegel Online« vom 8. 7. 2002
»Fromme Kunde aus der Steinzeit«, in: »Geo«, Nr. 5/1996

»G. E. Kincaid Reaches Yuma«, in: »Arizona Gazette« vom 12. 3. 1909
Gambaschidze, Irine (u. a.): »Georgien – Schätze aus dem Land des Goldenen Vlies«, Bochum 2001
Gantenbrink, Rudolf: Brief an den Autor vom 25. 9. 2002
Gardner, Erle Stanley: »Acambaro Mystery«, in: »Desert Magazine«, Oktober 1969
Gebhard, Rupert: »Der Goldfund von Bernstorf«, in: »Bayerische Vorgeschichtsblätter«, Nr. 64/1999
»Geheimnis des Fundortes der ›Himmelsscheibe‹ offiziell gelüftet«, dpa-Meldung vom 25. 9. 2002

Gregorio, Walter de: »Die rostende Mär von der frommen Unterwäsche«, in: »Sonntagszeitung« vom 1. 9. 1996
Guibal, Claude: »Querelle d'explorateurs dans Khéops«, in: »Libération« vom 10. 5. 2001

Haase, Michael: »Auf den Spuren des UPUAUT«, in: »G.R.A.L.«, Nr. 6/1994
–: »Die andere Seite der Pyramiden«, Berlin 1995
Haenig, René: »Kunsträuber in Basel verhaftet«, in: »Baslerstab« vom 28. 2. 2002
Hancock, Graham: »Underworld«, London 2002
Hawass, Zahi: »Das Tal der goldenen Mumien«, München 2000
Hayden, Dorothy: Brief an den Autor vom 24. 6. 1993
Helm, Siegfried: »Quelle des Amazonas entdeckt«, in: »Die Welt« vom 25. 7. 1996
Heyerdahl, Thor: »Die Pyramiden von Tucumé«, München 1995
Hiebert, Fred: Briefe an den Autor vom 19. 7. 2002 und 21. 7. 2002
Höpke, Hauke: »Zuerst kam der Tempel, dann die Stadt«, in: »Dialog. Universitätszeitung Bamberg«, Nr. 1/1999
Hubbard, Harry: »Tomb Chronicles Part I & II«, Iuka 2000
–: »Enter the Coliseum«, Online-Artikel, November 2001
–: Briefe an den Autor vom 22. 10. 1997, 23. 10. 1997, 27. 10. 1997, 6. 11. 1997, 7. 11. 1997, 13. 11. 1997, 17. 11. 1997, 21. 11. 1997, 23. 11. 1997, 19. 12. 1997, 15. 1. 1998, 21. 7. 2002, 23. 7. 2002, 25. 7. 2002, 29. 7. 2002, 30. 7. 2002, 31. 7. 2002, 2. 8. 2002, 5. 8. 2002, 15. 8. 2002 und 16. 8. 2002
Hunt, Jean: Briefe an den Autor vom 23. 6. 1993, 16. 7. 1993 und 22. 8. 1993
Huylebrouck, Dirk: Briefe an den Autor vom 25. 7. 2002, 26. 7. 2002 und 18. 8. 2002

»Innenminister Püchel: Die Jagd nach den Sternen ist zu Ende«, Pressemitteilung des Ministerium des Innern des Landes Sachsen-Anhalt, Magdeburg vom 28. 2. 2002

Jacob, Klaus: »Zivilisierter Irrtum«, in: »Facts«, Nr. 78/2002

Kapff, Dieter: »Die Sternenscheibe von Sangerhausen trägt ihren Namen zu Unrecht«, in: »Stuttgarter Zeitung« vom 2. 8. 2002
Keck, Wolfgang: Brief an den Autor vom 21. 2. 2002
Kersten, C.: »Über einen in Brauneisenstein und Bitumen umgewandelten Menschenschädel«, in: »Archiv für Mineralogie, Geognosie und Hüttenkunde«, Nr. 16/1842
Kerstholt, Marion: »Sonne, Mond und Sterne«, in: »Tagesspiegel« vom 7. 5. 2002
»Kleber aus der Urzeit«, in: »Stern« vom 25. 5. 2001
Klemm, Rosemarie: Brief an den Autor vom 18. 9. 2002
Koller, Johann, und Baumer, Ursula: »Untersuchung der mittelpaläolithischen ›Harzreste‹ von Königsaue«, in: »Praehistoria Thuringica«, Nr. 8/2002
Koller, Johann, Baumer, Ursula, und Mania, Dietrich: »High-tech in the Middle Palaeolithic«, in: »European Journal of Archaeology«, Nr. 3/2001
Kowalczyk, Stefan: Brief an den Autor vom 13. 11. 1999
»Köpfe gekocht«, in: »Spiegel«, Nr. 8/1996
Krassa, Peter: »Chinas schweigende Zeugen«, in: »Efodon-Synesis«, Nr. 5/2001
Krauss, Rolf: Brief an den Autor vom 28. 8. 2002
»Kritik eine ›Beleidigung‹«, in: »Reutlinger General-Anzeiger« vom 31. 7. 2001

»La magie du Taennchel«, in: »L'Alsace« vom 26. 3. 1998
»Les mystères du Taennchel«, in: »L'Alsace« vom 19. 7. 1998
Lehner, Mark: Brief an den Autor vom 27. 8. 2002
Letterlé, Frédérik: Briefe an den Autor vom 9. 8. 2002 und 12. 8. 2002
Lewis, Spencer: »La prophétie symbolique de la grand pyramide«, Villeneuve-Saint-Georges 1974
Liris, Robert (u. a.): »Glozel – Les graveurs du silence«, Villars 1994
Lorenzi, Rossella: »Scientist: Legendary City of Eldorado Exists«, in: »Discovery News« vom 25. 2. 2002
–: »Explorer: Legendary Eldorado Pinpointed«, in: »Discovery News« vom 9. 8. 2002

Lüscher, Geneviève: »›Da wurde ein Nichts inszeniert‹«, in: »NZZ am Sonntag« vom 22. 9. 2002
Lusby, Jo, und Wan, Abby: »The Truth Is Out There«, in: »City Weekend« vom 18. 7. 2002

Mania, Dietrich: »Die ersten Menschen in Europa«, Stuttgart 1998
Marshack, Alexander: »Roots of Civilisation«, New York 1972
Marco, Catherine: Brief an den Autor vom 9. 8. 2002
May, Wayne: »Why a Special Report about the ›Mystery Cave‹?«, in: »Ancient American«, Nr. 16/1997
–: »Interview mit Harry Hubbard, the Man in Search of a Lost Tomb«, in: »Ancient American«, Nr. 16/1997
–: »An Update from Illinois on Burrows Cave Site«, in: »Ancient American«, Nr. 32/2000
»Maya als Dampfmacher«, in: »Sonntagszeitung« vom 13. 5. 2001
Migliorini, Robert: »La question«, in: »La Croix« vom 19. 4. 2001
Moulton Howe, Linda: »12 000-Year-Old Human Hair DNA Has No Match With Modern Humans«, in: »Earthfiles« vom 28. 10. 2001

»Nachgrabungen zur Sternenscheibe«, dpa-Meldung vom 29. 8. 2002
Nakott, Jürgen: »Embryo-Transfer vor 2500 Jahren«, in: »Bild der Wissenschaft«, Nr. 4/1990
Näther, Sven: »Sensationsfund von Sangerhausen«, in: »MegaLithos«, Nr. 2/2002
Needham, Joseph: »Science and Civilisation in China«, Cambridge 1954 ff.
»Neuer Urmensch entdeckt«, in: »Hamburger Abendblatt« vom 11. 7. 2002
Nozon, Bernd: »Der Freiberger ›Kohleschädel‹«, in: »Sagenhafte Zeiten«, Nr. 2/1999
Nussbaumer, Valentin: »Die ›Puerta de Hayu Marca‹«, in: »Sagenhafte Zeiten«, Nr. 1/1999

O'Farrell, Gerald: »The Tutankhamun Deception«, London 2001
Owen, Richard: »Jesuit Manuscript May Hold Key to Eldorado Quest«, in: »Times« vom 12. 2. 2002

Paetsch, Martin: »Die älteste Stadt steht in Peru«, in: »Spiegel Online« vom 27. 4. 2001
Patton, Don R.: Briefe an den Autor vom 1. 8. 2002, 3. 8. 2002 und 7. 8. 2002
Pauli, Ludwig: Brief an Hans Burkhart vom 18. 8. 1987
»Peru Gold Museum Says Gleaming Again After Scandal«, Reuters-Meldung vom 26. 2. 2002
Peter-Röcher, Heidi: »Mythos Menschenfresser«, München 1998
Pilgrim, Cornelius von: Brief an den Autor vom 1. 9. 1994
Pingel, Volker, und Song, Baoquan: »Über die Einsatzmöglichkeiten moderner Luftbildarchäologie«, in: »Rubin«, Nr. 1/1995
Pletser, Vladimir, und Huylebrouck, Dirk: »The Ishango Artefact: The Missing Base 12 Link«, in: »Forma«, Nr. 4/1999
Plouin, Suzanne: Brief an den Autor vom 12. 8. 2002
Pöhner, Ralph: »Schatzjagd in Basel«, in: »Facts«, Nr. 10/2002
»Prähistorisches ›Observatorium‹ in Sachsen-Anhalt entdeckt«, dpa-Meldung vom 10. 9. 2002

Reeves, Nicholas: »Tut Ankhamun and his Papyri«, in: »Göttinger Miszellen«, Nr. 88/1985
–: »The Complete Tutankhamun«, London 1990
–: Briefe an den Autor vom 24. 7. 2002, 30. 7. 2002 und 8. 8. 2002
Reeves, Nicholas, und Wilkinson, Richard H.: »Das Tal der Könige«, München 1997
Ribert, Pierre: Brief an Marc Schultz vom 22. 2. 1999
Rose, Mark: »Royal Coffin Controversy«, in: »Archaeology«, Nr. 5/2000
Roselt, Gerhard: »Zum Kohleschädel der Freiberger Sammlung«, in: »Zeitschrift für angewandte Geologie«, Nr. 34/1988
Roth, Hans-Walter: »Die Soldatensteine von Weißenhorn«, unveröffentlichtes Manuskript
–: Brief an den Autor vom 19. 8. 2002
Rybnikar, Horatio: »Tomb Chronicles«, Melbourne 1996
–: »Pay no Attention to that Man behind the Curtain!«, in: »Ancient American«, Nr. 16/1997
–: »The Greatest Discovery in the History of Archaeology«, in: »Ancient American«, Nr. 16/1997

Sarre, François de, und Granger, Michel: »The Old Lignite Skull«, in: »Fortean Times«, Nr. 139/2000

Sasse, Torsten, und Haase, Michael: »Im Schatten der Pyramide«, München 1998

Sauval, Henri: »Histoire et recherches des antiquités de la ville de Paris«, Paris 1724

»Schädeloperationen gab es in Deutschland schon in der Steinzeit«, dpa-Meldung vom 27. 5. 1998

Schaffranke, Paul: »Why Alexander's Tomb Is in Illinois«, in: »Ancient American«, Nr. 16/1997

Scherz, James P.: Briefe an den Autor vom 24. 8. 1993 und 10. 9. 1997

Scherz, James P., und Burrows, Russell: »Rock Art Pieces from Burrows Cave«, Marquette 1992

Schmidt, Klaus: Brief an den Autor vom 19. 8. 2002

Schmidt, Olaf, Wilms, Karl-Heinz, und Lingelbach, Bernd: »Die Visby-Linsen«, in: »Deutsche Optikerzeitung«, Nr. 11/1998

Schmidt, Olaf, Wilms, Karl-Heinz, und Lingelbach, Bernd: »The Visby-Lenses«, in: »Optometry & Vision Science«, Nr. 9/1999

Schmitz, Emil-Heinz: »Handbuch zur Geschichte der Optik«, Band 1, Bonn 1981

Schöne, Thomas: »Rätselraten um Grabbeigabe aus der Bronzezeit«, dpa-Meldung vom 11. 4. 2002

–: »Erstmals wird Fundort gezeigt«, dpa-Meldung vom 23. 9. 2002

Schultz, Marc: »Découverte de statuettes au Taennchel«, in: »Bulletin des amis du Taennchel«, Nr. 20

–: »Les statuettes du Taennchel«, in: »Recherches médiévales«, Januar 1998

–: Brief an Walter Knaus vom 26. 7. 2001

Schulz, Matthias: »Gottkönig im Keller«, in: »Spiegel«, Nr. 29/2000

»Sérieuses réserves sur des prétendues découvertes concernant la pyramide de Khéops«, AFP-Meldung vom 19. 4. 2001

Song, Baoquan: Briefe an den Autor vom 13. 8. 2002, 16. 8. 2002 und 26. 8. 2002

–: »Luftbildarchäologie in China«, in: »Das Altertum«, Nr. 46/2000
Sperlich, Waltraud: »Die erste Siedlung der Altsteinzeit«, in: »Bild der Wissenschaft« vom 1. 8. 2000
»Spielten Neandertaler schon Flöte?«, in: »Basler Zeitung« vom 10. 4. 1996
Stadelmann, Rainer: »Die großen Pyramiden von Giza«, Graz 1990
–: Brief an den Autor vom 30. 4. 1996
Steinmann, Frank: Brief an den Autor vom 18. 9. 2002
Stockinger, Günther: »Gucklöcher im Kopf«, in: »Spiegel Online« vom 2. 6. 2001
Strenge, Klaus: »Antike Fraktale – Botschaften oder Erinnerungen?«, in: »Ancient Skies«, Nr. 1/1997
»Südamerikanische Urkulturen kannten doch das Rad«, dpa-Meldung vom 19. 7. 2002

»Taennchel: Les archéologues enthousiastes«, in: »L'Alsace« vom 30. 5. 1998
»Taennchel: Messieurs les archéologues ...«, in: »L'Alsace« vom 16. 8. 1999
Temple, Robert: »The Genius of China: 3000 Years of Science, Discovery and Invention«, New York 1986
»The Map of ›The Creator‹«, in: »Prawda« vom 30. 4. 2002
»The ›Missing‹ Coffin Trough from KV55«, in: »KMT«, Nr. 3/1999
»The Stamp Seal Mystery«, in: »The Pennsylvania Gazette« vom 11. 1. 2001
Tierney, John T.: »Real Live Jurassic Park«, in: »World Explorer«, Nr. 4/1994
–: »Pseudoscientific Attacks on Acambaro Artifacts«, in: »World Explorer«, Nr. 4/1994
–: »Acambaro Artifacts Validated«, in: »World Explorer«, Nr. 9/1997
Toth, Laszlo: »Ein Fraktal auf einem keltischen Spiegel?«, in: »Ancient Skies«, Nr. 4/1996
Topper, Uwe: »Fälschungen der Geschichte«, München 2001

»Update on Southern Illinois Site«, in: »Ancient American«, Nr. 42/2001

»War Marco Polo ein Scharlatan?«, APA-Meldung vom 22. 10. 1995

»War Pharao Tutanchamun zu fett?«, in: »Spiegel Online« vom 2. 8. 2000

White, John, und Moseley, Beverley: »Burrows Cave: Fraud or Find of the Century?«, in: »Ancient American«, Nr. 2/1993

Wilford, John Noble: »Das Siegel der ersten Schrift?«, in: »Sonntagszeitung« vom 5. 8. 2001

Willis, Ronald J.: »The Acambaro Figurines«, in: »The INFO Journal«, Nr. 2/1970

Willmann, Urs: »Auf den Holzwegen der Wissenschaft«, in: »Facts«, Nr. 9/1996

Wills, Jerry: Brief an den Autor vom 4. 9. 2002

Yoshimura, Sakuji: Brief an den Autor vom 13. 8. 2002

Zick, Michael: »Der älteste Tempel der Welt«, in: »Bild der Wissenschaft« vom 1. 8. 2000

–: »Die ersten Architekten waren Steinzeitjäger«, in: »Weltwoche« vom 29. 11. 2001

–: »Zähnefletschende Füchse im Tempel«, in: »Tagesspiegel« vom 30. 11. 2001

»3-D Map of the Earth Created 120 Millions of Years Ago«, in: »Prawda« vom 30. 5. 2002

Dank

Der Autor möchte sich bei allen bedanken, die ihn während der Arbeit an diesem Buch mit wertvollen Anregungen, Bildmaterial oder anderweitig unterstützt haben. Speziell erwähnt seien in diesem Zusammenhang: Prof. Ramamurthy Balasubramaniam, Prof. Aleksandr Chuvyrov, Erich von Däniken, Ueli Dopatka, Dipl.-Ing. Rudolf Gantenbrink, Ruth Gremaud, Hermann Hemminger, Prof. Fred Hiebert, Dr. Hans-Rudolf Hitz, Harry Hubbard, Prof. Dirk Huylebrouck, Tatjana Ingold, Wolfgang Keck, Walter Knaus, Eva Koch, Prof. Bernd Lingelbach, Prof. Dietrich Mania, Valentin Nussbaumer, Don Patton, Prof. Volker Pingel, Suzanne Plouin, Dr. Hans-Walter Roth, Daniel Schaufelberger, Dr. Klaus Schmidt, Marc Schultz, Dr. Baoquan Song, Simone Wunderlin und – last but not least – Adriana.

Luc Bürgin

Eine Bitte des Autors

Sind Ihnen weitere archäologische Kuriositäten bekannt?
Oder beschäftigen auch Sie sich mit den ungelösten Rätseln und
Geheimnissen dieser Welt? Dann schreiben Sie mir:

Luc Bürgin
c/o Herbig Verlag
Thomas-Wimmer-Ring 11
D-80539 München

Register

Ackerman, Phyllis 194
Amenophis II. 146

Bacon, Roger 239
Balabanova, Svetlana 14
Balasubramaniam, Ramamurthy 148 ff.
Bardot, Jacques 30 ff.
Baumer, Ursula 110
Bauval, Robert 11, 39 ff.
Bergier, Jacques 10, 21
Börne, Ludwig 243
Bonetti, Ivan 209
Bredel, Jean-Luc 72 ff.
Brooks, Allison 120
Brundage, James A. 16
Burkhart, Hans 85, 89
Burrows, Russell 159 ff.

Caley, Earle R. 101
Carter, Howard 143 ff.
Cheops 46, 50
Childress, David Hatcher 221 ff., 229
Chuvyov, Aleksandr Nikolayevich 51 ff.
Clottes, Jean 109
Corteggiani, Jean-Pierre 31 ff.
Cullen, Norman 179 ff.
Cuoghi, Diego 55 ff.

Däniken, Erich von 10, 157, 248
Damon, Paul 211 ff.
Darmon, Francine 30 ff.
Dendl, Jörg 194 ff.
Deyermenjian, Gregory 207 ff.
Dormion, Gilles 33 ff.

Eckmann, Christian 21
Ehlers, Ernest G. 101
Emerson, Thomas 182
Ercivan, Erdogan 244
Everhart, J. O. 101

Feldhaus, Franz Maria 147
Feynman, Richard P. 15
Finch, William J. 98 ff.
Fradin, Emile 86

Gaballah, Gaballah Ali 34, 232
Gantenbrink, Rudolf 23, 25 ff.
Gardner, Erle Stanley 98
Gill, Peter 215
Gokh, Vitalij Anatoljevic 236
Golowin, Sergius 107

Haas, Jonathan 20
Haile-Selassie, Yohannes 18
Han, Mark 100

Hancock, Graham 11
Hart, Carl 221
Hapgood, Charles 96 ff.
Hassan, Selim 39
Hawass, Zahi 25 ff.
Hayden, Dorothy 164
Heinzelin, Jean de 118 ff.
Hetheperes 50
Heyerdahl, Thor 14
Hiebert, Fred 121 ff.
Howe, Linda Moulton 19
Hubbard, Harry 168 ff.
Hung, Huang 52
Hunt, Jean 164
Huylebrouck, Dirk 119 ff.

Iacangelo, Michael 173

Jechiele 238
Jeunesse, Christian 68
Ji, Yang 193
Jianwen, Quin 190
Jordan, S. A. 221
Julia, Gaston 241
Julsrud, Carlos 98
Julsrud, Waldemar 91 ff.

Kaesche, Helmut 152
Kamanayo, Georges 120
Kaulen, Frietjof 114
Keck, Wolfgang 81 ff.
Kerner, Johannes B. 45
Kinkaid, G. E. 221 ff.
Klemm, Rosemarie 46
Koch, Eva 133 ff.
Kolb, Frank 248
Koller, Johann 110

Korfmann, Manfred 248
Krainow, Vladimir 52
Krauss, Fritz 80
Krauss, Rolf 230 ff.

Lampeter, Wolfgang 240
Lehmann, Arndt 115
Lehner, Mark 25, 34, 39, 42, 44
Lepere, Daniel Reynaert 92
Letterlé, Frédérik 74 ff.
Lingelbach, Bernd 127 ff.
Lopez, Andrea 205 ff.
Loprieno, Antonio 46

Mamani, Jose Luis Delgado 212 ff.
Mandelbrot, Benoit 241 ff.
Mania, Dietrich 110
Marco, Catherine 74
Marines, Ernesto Narrvete 105 ff.
Marshack, Alexander 118
May, Jens 218
May, Wayne 161, 170, 183 ff.
McCloskey, Frank 172
Meller, Harald 216 ff.
Melzl, Markus 215
Mikana-Pinkham, Andrea 214
Morales, Martin 206
Muhl, Arnold 154 ff.
Mujica, Victoria 249

Näther, Sven 218
Needham, Joseph 139 ff.
Neff, George 180

Nelson, Greg 223
Nelson, Janet 17
Nelson, Sheri 223
Noguera, Eudardo 96
Nozon, Bernd 113 ff.
Nussbaumer, Valentin 209 ff.

Obaid, Atif 232
O'Farrell, Gerald 145
Orr, William 19
Ostler, Reinhold 247 ff.

Palkiewicz, Jacek 207 ff.
Patton, Don 92, 102 ff.
Pauley, Tyler 222 ff.
Pauli, Ludwig 86
Pauwels, Louis 10, 21
Pepi I. 21
Peter-Röcher, Heidi 15
Piek, Jürgen 19
Pilgrim, Cornelius von 28
Pingel, Volker 197 ff.
Pittman, Holly 124
Pletser, Vladimir 118
Plouin, Suzanne 74, 78 ff.
Polia, Mario 205
Polo, Marco 17
Pomplun, Siegfried 114
Pope, Arthur Upham 194
Powell, Marvin A. 244
Prange, Michael 136

Radwan, Mansour 39
Rainey, Froelich 100
Rau, Johannes 134
Reisz, Richard 40
Reeves, Nicholas 145 ff.

Roselt, Gerhard 114 ff.
Roth, Hans-Walter 89 ff.

Samaniego, Diego 206
Sauval, Henri 238
Schaffranke, Paul 168
Scherz, James 165 ff.
Schewardnaze, Eduard 134
Schlosser, Wolfhard 216
Schmidt, Klaus 201 ff.
Schmidt, Olaf 127 ff.
Schmitz, Emil-Heinz 127
Schreiber, Emil 153
Schultz, Marc 63 ff.
Schweitzer, Joël 66
Sethos I. 146
Shaolin, Liu 190
Slotta, Rainer 135
Song, Baoquan 197 ff.
Stadelmann, Rainer 28ff., 34, 44
Steede, Neil 101 ff.
Steinmann, Frank 45
Stoiber, Edmund 232
Stojic, Milord 236
Swift, Dennis 104 ff.

Tellenbach, Michael 235
Temple, Robert 142
Tierney, John H. 100 ff.
Tinajero, Odilon 92 ff.
Topper, Uwe 11, 245
Trendel, Guy 72, 80
Tut-ench-Amun 143 ff.

Verd'hurt, Yves 33 ff.
Vinci, Leonardo da 240

Vogelsang-Eastwood, Gillian 143
Vogt, Hans-Heinrich 148

Wang, Zhilin 235
Ward, Jack 167 ff.
Wildung, Dietrich 46, 230 ff.
Wilford, John Noble 122
Willmann, Urs 13

Wills, Jerry 214. 224, 233
Wills, Kathy 224, 233
Wilms, Karl-Heinz 127 ff.
Wolak, Ralph 183 ff.
Wood, Frances 17

Yalçin, Ünsal 136
Yoshimura, Sakuji 36 ff.

Zhou, Ye 193

Luc Bürgin
Geheimakte Archäologie

Muss die Geschichte der Menschheit neu geschrieben werden?

Seit Jahrzehnten stoßen Archäologen auf mysteriöse Fundstücke, die unser Geschichtsbild auf den Kopf stellen. Von der Wissenschaft werden sie zu Unrecht als Fälschungen eingestuft und vor der Öffentlichkeit versteckt. So fristen die Objekte in den Kellern der Museen und Universitätsinstitute ein Schattendasein.

Luc Bürgin hat die kontroversen Stücke aufgespürt und dokumentiert. Sein Bericht zeigt, was uns Archäologen verheimlichen, und in über 150 sensationellen Abbildungen dokumentiert der Journalist die verschollen geglaubten Gegenstände und Objekte.

280 Seiten, ISBN 3-7766-7002-9
Bettendorf

**BUCHVERLAGE
LANGEN MÜLLER HERBIG**
WWW.HERBIG.NET

Erdogan Ercivan
Das Sternentor der Pyramiden

Geheime Wege in den Kosmos

Zweihundert Jahre Ägyptologie sollen die Rätsel der Frühgeschichte angeblich gelöst haben – bis unsere heutigen technischen Möglichkeiten sie enthüllten und uns zeigen, wie es damals am Nil wirklich war.

Phantastische, erstaunliche Geheimnisse der ägyptischen Frühgeschichte deckt der Autor in seinem Buch auf und enthüllt dabei die Zusammenhänge zwischen den Bauwerken der Pharaonen und der Astronomie.

352 Seiten, ISBN 3-7766-7015-0
Bettendorf

BUCHVERLAGE
LANGEN MÜLLER HERBIG
WWW.HERBIG.NET